# 18세기 잉글랜드의 인구 변동과 농업 사회의 동요

# 18세기 잉글랜드의 인구 변동과 농업 사회의 동요

김성룡 지음

한국학술정보(주)

## 책머리에

2011년, 새해를 맞이하면서 여러 생각에 잠기게 되었다. 올해를 기점으로 10년 전에는 영남신학대학교에서 겸임 교원으로 가르치는 일을 그리고 20년 전에는 영국에서 학위 논문의 준비를 위한 1년간의 연구 과정을 시작했다. 그뿐만 아니라 30년 전에는 주변의 반대에도 불구하고 역사 공부를 위해 대학에 입학했다.

이처럼 필자의 삶에 있어서 올해는 각별한 의미를 부여할 수 있다. 그렇기 때문에 새해 아침에 그것을 생각하면서 하나님께 특별히 감사할 수 있었다. 하지만 그 행복은 잠시였다. 또 다른 부담이 왔다. 과연 그동안 어떠한 공부를 했을까? 특별한 답이 생각나지 않았다. 많은 시간과 노력에도 불구하고 제대로 정리된 것이 없었다. 심각한 문제였다.

그러나 무작정 자책만 하고 있을 수는 없었다. 조심스럽게 정리를 시작했다. 그 결과 18세기 잉글랜드의 인구 증가가 당시 농업 사회에 어떠한 영향을 미쳤는가에 초점을 둔 성과를 출판할 수 있게 되었다.

이 책이 나오기까지 많은 분들의 도움이 있었다. 지금은 대부분 정년 퇴임하셨지만, R. C. Richardson(University of Winchester), 오주환 선생님(경북대 사학과), 황해붕 선생님(경북대 역사교육학과), 유기식 선생님(경북대 사학과), 김종길 선생님(경북대 사학과), 이헌균 선생님(안동대 사학과) 그리고 김진웅 선생님(경북대 역사교육학과)께 감사를 드린다. 훌륭하신 선생님들의 지도가 없었다면 본 연구가 있을 수 없기 때문이다. 또한 이 책이 나올 수 있도록 격려와 용기를 주신 영남신학대학교의 교수님과 권용근 총장님께 감사의 마음을 보내드리고 싶다.

끝으로 이 대학 저 대학으로 옮겨 다니면서 피곤한 시간을 보낼 때 사랑과 기다림을 아끼지 않은 부모님과 동생들에게 깊은 감사를 전한다. 필자가 저지른 일을 늘 도와준 동료이자 아내인 노금란 권사의 헌신은 말로 표현할 수 없다. 학위 논문을 집필하던 시기에 아버지와 함께 놀고 싶어 옆에서 조용히 기다리다 지쳐 아버지의 낡은 책 옆에서 수차 곤한 잠을 잤던 아들 동영(University College London 재학)과 딸 동하(운암고등학교 재학)에게 미안함과 고마움을 전한다. 또한 원고의 정리와 문헌 수집 등을 도와 준 영남신학대학교의 이한나 학우와 도서관 직원 여러분들께도 감사를 드린다. 아울러 책의 출판을 위해 수고해 주신 한국학술정보(주)의 사장님과 편집 관계자 여러분께도 고마운 인사를 전한다.

2011년 9월

김성룡

목 차

# Ⅰ. 머리말

18세기 잉글랜드사에 대한 종래의 인식은 다분히 정태적이었다. 당시 잉글랜드가 지역 공동체의 충성심이 여전한 '대면 사회'(face-to-face society)였다는 견해가[1] 그와 같은 경향을 잘 보여준다. 다시 말하면 당시 잉글랜드는 지주 계층(the landed interests)의 '온정주의'(paternalism)에[2] 의해 별다른 계급 갈등이 없었던 평온한 시기였다는 것이다.[3]

그러한 인식은 대체로 다음의 두 가지 사실에 많은 영향을 받았다. ① 빅토리아(Victoria) 시대의 많은 사람들이 그들이 거둔 새로운 산업과 기술의 발전을 그 이전 시기의 정태적인 기반에서 일어난 변화로 이해했다는 것과[4] ② 18세기 전체를 포괄적으로 다룬 사회사

---

1) Roy Porter, *English society in the eighteenth century* (Bungay: The Chaucer Press, 1982), p. 16.

2) 온정주의는 아래 사람에 대한 지배층의 보호 의무를 강조하는 사회관이었다. "재산과 지위는 권리뿐만 아니라 의무도 가진다"는 말이 그것의 의미를 잘 나타낸다. D. Roberts, *Paternalism in early Victorian England* (London: Longaman, 1979), p. 4; 李永石, "産業革命期의 社會關係에 대한 諸解釋," 圓光史學 제3집 (1984), p. 118.

3) 18세기에 계급 갈등이 없었다는 대표적인 견해로는 라슬레(Peter Laslett)의 '단일 계급 사회'(the one-class society)와 퍼킨(Harnold Perkin)의 '무계급 사회'(the classless society)를 들 수 있다. Peter Laslett, *The world we have lost: further explored* (London: Routledge, 3rd edn., 1983(1965)), p. 22; Harold Perkin, *The origin of modern English society, 1780–1880* (London: Routledge, 1969), p. 37. 18세기 잉글랜드의 지주 계층에 관한 연구로는 G. E. Mingay, *English landed society in the eghteenth century* (London: Routledge and Kegan Paul, 1963)이 있다.

4) Porter, *English society*, p. 15; Ann Kussmaul, "The pattern of work as the eighteenth began," in

(social history) 연구가 거의 없었다는 사실이[5] 바로 그것이다.

그러나 실제 18세기 잉글랜드는 결코 정태적인 사회가 아니었다. 오히려 상당한 역동성이 존재한 시기였다. ① 그 이전 세기에 발발한 혁명으로 인한 여러 문제를 극복하면서 의회 제한 군주정이 확립되어 갔으며[6] ② 대외 전쟁을 성공적으로 수행할 수 있었고 ③ 농업과 공업에서 괄목할 만한 생산성이 증가를 거두는[7] 등 많은 변화가 일어났기 때문이다.

당시 잉글랜드 사회의 역동성은 그 이전 시기나 서유럽의 다른 국가와는 비교가 되지 않는 인구 증가에서 확인할 수 있다. ① 잉글랜드의 인구 증가율이 1550~1680년에는 64%, 1680~1820년에는 133% 그리고 1820~1900년에는 166%였으며[8] ② 1680~1820년에 서유럽에서 두 번째로 높은 인구 증가를 나타낸 스페인의 증가율이 64%였다는 사실이[9] 그것을 잘 나타낸다. 즉 그 이전 세기나 여타 국가에 비해 2배를 약간 상회하는 인구 증가가 18세기 잉글랜드에 나타난 셈이다.

그러나 당시 잉글랜드 사회에서는 괄목할 만한 인구 증가에도 불구하고 지역적인 문제는 간혹 있었어도 맬서스(T. R. Malthus)의 우려

---

Roderick Floud and Donald McCloskey(eds.), *The economic history of Britain since 1700*, vol. 1: *1700~1860* (Cambridge: Cambridge University Press, 2nd edn., 1994), p. 1.

5) Bridget Hill, *Women, work, and sexual politics in eighteenth-century England* (Oxford: Basil Blackwell, 1989), p. 9.

6) 李憲均, "Anne女王時代 英國議會政治의 構造," 慶北大學校 大學院 博士學位論文 (1987), p. 9.

7) N. F. R. Crafts, "The industrial revolution: economic growth in Britain 1700~1860," in Anne Digby and Charles Feinstein(eds.), *New directions in economic and social history* (London: Macmillan, 1989), pp. 66, 72.

8) E. A. Wrigley and R. S. Schofield, *The population history of England 1541~1871: a reconstruction* (Cambridge: Cambridge University Press, paper., 1989(1981)), pp. 208~9.

9) E. A. Wrigley, "The growth of population in eighteenth-century England: a conundrum resolved," *Past and present*, 98 (1983), p. 98.

는[10] 현실로 나타나지는 않았다.[11] 오히려 당시 영국은 증가하는 인구를 부양해야 하는 부담에도 불구하고, 3배에 가까운 인구를 지닌 프랑스와의 전쟁, 즉 나폴레옹 전쟁(the Napoleonic war)을 승리로 이끌 수 있었다.[12] 이는 그만큼 영국의 경제력이 프랑스에 비해 우월했다는 것을 의미하는 것이다.[13]

그러면 18세기 영국 사회가 프랑스보다 우월한 경제력을 가질 수 있었던 배경은 무엇일까? 그러한 문제를 다루기 위해서는 무엇보다도 증가한 인구를 부양하기 위한 농업에 어떠한 변화가 있었는가를 살펴볼 필요가 있을 것 같다. 굳이 맬서스의 견해를 들지 않더라도 농업 생산이 인구 증가를 뒷받침하지 못할 경우 경제 성장은커녕 오히려 심각한 사회 문제가 생길 수 있다는 것은 자명한 일이기 때문이다.

그와 같은 관점에서 특히 주목되는 것은 18세기 중반 무렵, 잉글랜드의 농업에서 자본주의적 차지농(tenant farmer)이 지주(landlord)로부터 토지를 임차하고 생산 수단을 갖지 못한 농업 노동자(agricultural labourer)를 고용하여 경작하는 이른바 '3층 구조'(tripartite system)가 확립되었다는 사실이다.[14] 그것은 당시 잉글랜드의 농업이 다분히

---

10) 급증한 인구가 빈곤과 죄악이라는 사회악을 가져올 수 있다는 견해가 그것이다; Thomas Robert Malthus, "*An essay on the principle of population, as it affects the future improvement of society with remarks on the speculations of Mr. Godwin, M. Condorcet, and other writers,* (London, 1798)," in Gerttude Himmelfarb(ed.), *On population* (New York: The Modern Library, 1960), pp. 8~10. 맬서스의 1798년 저작은 익명으로 출간되었다. 맬더스의 견해와 그것이 미친 영향에 대해서는 Michael Turner(ed.), *Malthus and his time* (Chippenham: Antony Rowe Ltd., repr., 1993(1986)) 참조.

11) John R. Gillis, *Youth and history: tradition and change in European age relations 1770–present* (New York: Academic Press, 1974), p. 44.

12) 1820년의 잉글랜드의 인구는 1,1500,000명이었으며 프랑스는 3,0500,000명이었다; Wrigley, "The growth of population in eighteenth-century," p. 98.

13) 산업 혁명(The industrial revolution) 이전과 이후의 영국과 프랑스 경제 구조를 비교 · 설명한 연구로는 Patrick Karl O'Brien, "Path dependency, or why Britain became an industrialized and urbanized economy long before France," *Economic history review*, 2nd ser., 49 (1996), pp. 213~49 참조.

14) M. Overton, *Agricultural revolution in England: the transformation of the agrarian economy 1500~1850*

'시장 지향적'(market-oriented)이었다는 것을 의미한다. '차지농들이 임금의 가치 이상을 생산하지 못할 경우 노동자들을 고용하지 않는다'는 맬서스의 언급에서도15) 확인할 수 있듯이 당시 농업이 농업 종사자의 부양은 물론 농산물 구매자를 그 대상으로 하고 있다는 것을 시사하기 때문이다.

이처럼 18세기 중반을 기점으로 잉글랜드의 농업 경영은 일대 변혁이 일어나고 있었다. 따라서 그 과정을 추적하게 되면 인구 증가의 원인은 물론이거니와 농산물 수요 변동에 따른 농업 경제의 구조적 변화를 이해할 수 있을 것으로 생각된다. 그와 같은 문제를 규명하기 위해서는 정확한 인구 통계는 물론 당시 농업에 대한 포괄적인 연구가 필요하다. 그러나 실제 연구는 그렇지 못한 실정이다. 대체로 인구사(demographic history)는 인구 변동에 한정되는 경향을 보이고 있고16) 농업사는 '암소'(cows)와 '쟁기'(ploughs)에 비유되는 농업 방식에17) 주된 관심이 모아졌다. 그렇기 때문에 18세기 잉글랜드의 인구 변동과 관련된 농업 지역의 구조적 변화를 종합·분석한 연구는 그리 흔치 않다.18)

그러한 사실을 염두에 두면서 본 연구는 크게 다음의 네 가지에 집

---

(Cambridge: Cambridge University Press, 1996), p. 34.

15) Thomas Robert Malthus, "*An essay on the principle of population, or, a view of its past and present effects on human happiness; with and inquiry into our prospects respecting the future removal or mitigation of the evils which it occasions* (7th edn., 1872)," in Gerttude Himmelfarb(ed.), *On population* (New York: The Modern Library, 1960), p. 413.

16) 실질 임금(real wage)의 추계를 바탕으로 인구 변동과 경제 성장과의 관련성을 설명하고 있는 『1541~1871, 잉글랜드 인구사』(Wrigley and Schofirld, *The population history of England 1541-1871*)를 그 예로 들 수 있다.

17) Overton, *Agricultural revolution in England* p. xii.

18) 더스크(Joan Thirsk)의 주도하에 편찬되고 있는 『잉글랜드와 웨일스의 농업사』(*The agrarian history of England and Wales*) 총서 가운데 G. E. Mingay(ed.), *The agrarian history of England and Wales*, vol. Ⅵ, *1750~1850* (Cambridge: Cambridge University Press, 1989)가 농업 사회의 구조 변화에 대한 비교적 상세한 내용을 제시하고 있을 뿐이다.

중하고자 한다. ① 18세기 잉글랜드의 인구 증가는 어떠한 요인에서 비롯되었으며 ② 당시 잉글랜드의 인구 변동에 나타난 특성은 무엇이었고 ③ 인구 증가에 따른 농산물 수요를 충당하기 위해 잉글랜드의 농업은 어떠한 경영을 추구했으며 ④ 그것이 농업 사회에 어떠한 영향을 미쳤는가 등이 바로 그것이다.

인구사와 농업사에 관한 연구 성과들의 유기적인 분석·고찰을 통해 18세기 잉글랜드의 농업 사회에 관한 역사상을 보다 구체적으로 복원하고자 하는 본 연구는 네 부분으로 구성되었다. 두 번째 장에서는 18세기 잉글랜드의 정확한 인구 변동의 실태를 규명하고자 한다. 그것을 위해 먼저 역사상의 인구를 복원할 수 있는 자료와 방법을 정리하고자 한다. 그다음 역사 인구학(historical demography)의 성과를 통해 18세기 잉글랜드의 인구 동태와 그 요인을 살펴보기로 하겠다.

세 번째 장에서는 당시 잉글랜드의 인구 변동 구조를 살펴보고자 한다. 18세기 잉글랜드의 경우 지역적인 문제는 있었지만 맬서스가 말한 적극적 억제, 즉 사망으로 인한 심각한 양상은 나타나지 않았다. 그렇기 때문에 출생과 관련되는 가족 구조 및 혼인 양태 등에 시선이 모일 수밖에 없다. 그것을 위해 인구사와 가족사의 성과 등을 종합적으로 검토하고자 한다. 그 과정에 18세기 잉글랜드의 출생, 가족 형태 그리고 혼인 양태 등에 나타난 특성의 이해를 통해 인구 변동의 구조를 보다 구체적으로 복원하기로 하겠다.

네 번째 장에서는 18세기 잉글랜드의 농업이 증가한 인구를 어떻게 부양했는가에 주목하고자 한다. 그것을 위해 당시 농업의 시장 지향적인 특성에 주목하고자 한다. 수요를 고려할 수밖에 없는 농업의 경우 인구 증가는 새로운 경영으로 이어질 수 있기 때문이다. 바로 그와 같은 전제를 토대로 농산물 수요를 충당하기 위한 농업의 경영 변화와 그 성과 등을 살펴보기로 하겠다.

다섯 번째 장에는 18세기 중반 이후 잉글랜드의 동남부는 농업 지역으로 그리고 서북부의 경우 공업 지역으로 특화된 사실에 주목하고자 한다. 사실 동남부는 평저 지대로 지형적으로 농업에 유리했다. 그러나 해당 지역의 경우 맬서스의 우려에서도 알 수 있듯이 빈곤과 높은 인구 증가를 경험하고 있었다. 바로 그와 같은 사실을 염두에 두면서 18세기 잉글랜드의 농업 경영 변화가 고용 관계를 포함하여 당시 농업 사회에 어떠한 영향을 미쳤는가를 살펴보고자 한다. 그 과정에 18세기 중반 이후 농업 사회에 나타난 빈곤은 물론 그에 따른 농업 노동자의 반응도 함께 복원하게 될 것이다.

끝으로 본 연구에서 초점을 두는 시기는 18세기이지만 서술의 편의상 그 이전과 이후의 상황이 언급될 수 있으며, 국가를 지칭할 경우에 영국(Great Britain)이라는 용어를 사용하고 있다는 것을 밝혀두고자 한다.

# Ⅱ. 인구 변동의 실태

18세기 잉글랜드의 인구 증가는 어떻게 설명할 수 있을까? 과연 그 증가의 원인은 무엇이었을까? 출산력의 증가에서 비롯되었을까? 아니면 사망력의 감소가 인구 증가를 주도했을까? 그러한 문제를 규명하기 위해서는 상세하고도 정확한 인구 통계가 요구된다. 그렇다면 18세기 잉글랜드의 인구 동태를 파악할 수 있는 자료와 방법은 어떠한 것이 있을까?

그러나 그것의 추계는 결코 쉬운 일은 아니다. ① 영국에서 전국적 범위의 인구 조사가 실시된 것은 1801년이 처음이었으며 ② 출생 및 사망을 공식적으로 신고하게 된 것은 1837년 이후였다.[19] 그렇기 때문에 18세기 잉글랜드의 인구 동태를 파악하기 위해서는 역사상의 인구 변동과 관련된 통계 작성은 물론 그것의 요인 등을 사회 · 경제적 맥락에서 분석 · 복원하는 역사 인구학의 성과에 각별한 시선이 모일 수밖에 없다.

사실 역사 인구학과 관련하여 영국은 단연 돋보이는 국가라 하여도

19) T. H. Hollingsworth, *Historical demography* (London: The Camelot Press Ltd., 1969) p. 74

좋을 것 같다. 오랜 전통에 있어서나 방법적 실제적인 면에서 단연 앞서 있기 때문이다. ① 최초의 인구학자인 그론트(John Graunt, 1620~1674) ② 전국적 범위의 인구 통계와 사회 계층별 생활 상태를 처음으로 파악한 킹(Gregory King, 1648~1712) ③ 처음으로 인구 증가를 경제 문제와 관련지어 규정한 맬서스(1766~1834)는 모두 영국인이었다.[20] 그뿐만 아니라 역사 인구학의 방법들을 실제 적용하여 한정된 시기이지만 역사상의 인구를 처음으로 복원한 나라도 영국이었다.[21] 그러므로 아래에서는 역사 인구학의 성과를 바탕으로 18세기 잉글랜드에 나타난 인구 변동의 추세와 그 원인을 살펴보기로 하겠다.

## 1. 『지역 교회의 등록 대장 적요』의 작성

### (1) 1801년의 인구센서스

영국의 경우 전국적 범위의 인구 조사나 신고가 이루어진 시기는 19세기 이후였다. 그러면 18세기 잉글랜드의 인구 변동은 어떻게 파악했을까? 그 바탕은 무엇일까?

18세기 잉글랜드의 인구 동태에 관한 접근은 오랜 기간 이른바 '『지역 교회의 등록 대장 적요』'(*Parish register abstracts*)에 토대를 두었다. 한마디로 그것은 1801년에 실시된 인구 조사의 산물이라 할 수 있다. 사실, 영국에서 센서스를 실시하자는 논의의 출발은 1753년으로 잡을

20) 김성룡, "영국 역사인구학의 성과와 과제", 『大丘史學』 第44輯 (1992), p.108.

21) Wrigley and Schofield, *The population history of England*.

수 있다. 그 해에 센서스와 관련된 법안이 처음으로 제기되었기 때문이다.[22] 당시 법안은 그 이듬해, 즉 1754년 6월 24일을 기준일로 하여 전국적 범위의 인구 조사를 실시하자는 것을 골자로 했다.[23]

그러나 그 법안은 처음부터 찬반양론으로 대립되었다. 그 결과 일대 논쟁이 야기되었다. 먼저, 인구 조사를 찬성한 대표적 인물로는 1760년대 중반에 수상을 역임한 그렌빌(George Grenville)을 들 수 있다. 그는 다음과 같은 이유에서 센서스의 필요성을 강조했다. 정확한 인구 변동이 파악되어야 그것의 원인에 관한 이해와 더불어 대책이 강구될 수 있다는 것이 바로 그것이다. 그러면서 그렌빌은 인구 동태가 제대로 파악되었을 경우 영국인이 아메리카 식민지로 무분별하게 이주하는 것을 통제 가능하다는 것을 그 일례로 제시하기도 했다.[24]

그러나 그의 견해는 곧 반대에 부딪히게 되었다. 요크(York) 출신의 의원이었던 토른턴(William Thornton)이 반론을 제기했기 때문이다.[25] 먼저, 그는 인구 조사가 이루어졌을 경우 아메리카 식민지에로의 이주를 조절할 수 있다는 그렌빌의 견해를 다음과 같이 반박했다. 즉 이민의 증감은 당시 사회·경제적 상황에 좌우되는 것으로 결코 공공 정책으로 조절될 수 있는 사안이 아니라는 것이 바로 그것이다.[26]

---

22) A. J. Taylor, "The taking of the census," *British medical journal*, 7(1951), p. 715.

23) 포터씨 법안(Mr Potter's Bill)으로 알려진 그것의 명칭은 'An act for taking and registering an annual account of the total number of people and the total number of marriages, birth and deaths; and also the total number of poor receiving alms from every parish and extraparochial place in Great Britain'이었다.

24) *Hansard*, 26 George Ⅱ, debate in the Commons on the bill for registering the number of people, 8 May 1753, pp.1350~1.

25) Arnold Toynbee, *Lectures on the industrial revolution in England* (London: Longmans Green and Co., 6th impression, 1923(1884)), 吳德永(譯), 『産業革命史』 (서울: 文硏社), p.13.

26) *Hansard*, 26 George Ⅱ, debate, pp.1355~6.

그러면서 토른턴은 새로운 법안의 부당성을 다음과 같이 지적했다. ① 인구 조사의 결과가 조세 부과의 지침으로 사용되어 국민을 약탈·억압하는 수단으로 작용하여 국민의 자유가 침해되고 ② 해외의 적국이 우리의 약점을 알게 된다는 것 등이 바로 그것이다.[27]

그러나 센서스에 대한 반대 입장을 보다 분명히 했던 토른턴의 주장은 당장 실효를 거둘 수가 없었다. 그의 저지 노력에도 불구하고 하원에서 그 법안이 일단 통과되었기 때문이다.[28] 문제는 상원에서 일어났다. 입법이 제대로 추진될 수 없었기 때문이다.

여기서 한 가지 유의할 사실이 있다. 흔히 알려진 것처럼 의원들의 반대로 그 법안이 기각되지 않았다는 것이 바로 그것이다.[29] 상원에서는 센서스를 실시하자는 법안을 다음과 같이 처리했다. 2차 독회가 있는 날 상원은 앞으로 1개월 안에 전체 위원회에서 그 법안을 심의하기로 결의했다. 이처럼 법안의 처리 절차는 외양상 별다른 문제가 없었다. 어떤 법안을 두고 논란이 있을 경우 그것을 다시 심의할 수 있기 때문이다. 문제는 센서스를 실시하는 논의가 더 이상 진행될 수 없었다는 것이다. 법안 심의를 결의한 1753년 5월 23일이 회기의 마지막 날이었기 때문이다.[30]

이처럼 당시 영국에서는 비록 센서스 실시의 명분은 일부 수긍되었지만 그것의 실행에 대해서는 다분히 부정적이었다. 그러한 사실은 다음의 두 가지 사실에서 뒷받침된다. ① 하원의 결의를 다시 심의한

---

27) Toynbee, *Lectures on the industrial revolution*, 吳德永(譯), 『産業革命史』, p.13.

28) *ibid.*

29) Phillis Deane, *The first industrial revolution* (Cambridge: Cambridge University Press, 2nd edn., 1981(1965)), p. 23.

30) D. V. Glass, *Numbering the people* (Farnborough: D.C. Heath, 1973), p. 20.

다는 명분으로 그것의 처리를 연기하여 직접적인 반대를 취하지 않으면서도 센서스가 행해질 수 없도록 한 상원의 조치와 ② 그 뒤 오랫동안 인구 조사가 제대로 실시되지 못했던 것 등이 바로 그것이다.

그러나 센서스에 대한 부정적인 시각은 18세기 말을 기점으로 바뀌게 되었다. 개인의 권리 보호와 대외 비밀의 유지라는 명분 때문에 부정적이었던 인구 조사가 적극적으로 검토되기 시작한 것이다. 그러한 분위기는 당시 상황과 밀접한 관련이 있었다. 구빈 지출의 증가, 식량 수입의 증가, 인구가 많을수록 좋다는 중상주의적 견해[31] 그리고 무엇보다도 다른 국가에서 행해진 센서스의 장점 등이 인구 조사의 실시를 촉구했던 것이다.[32]

1801년의 센서스는 바로 그러한 분위기가 현실로 나타난 것이라 할 수 있다. 영국에서 처음으로 전국적 범위의 인구 조사를 담당했던 릭만(John Rickman)이 그것을 주도했다. 1796년에 그는 인구 조사의 필요성을 강조하는 비망록을[33] 당시 의원이었던 로즈(George Rose)를 통해 애버트(Charles Abbot)에게 전달되도록 했다. 그 결과 1800년 11월 19일, 애버트에 의해 센서스를 실시하자는 법안이 하원에 제기되었고,[34] 1800년 12월 3일에 그것이 마침내 통과되었던 것이다.[35]

---

31) 중상주의자들은 인구 증가의 결과를 다음과 같이 평가했다. ① 풍부한 노동력의 공급을 가능케 하고 ② 그러한 노동력을 바탕으로 경쟁력 있는 상품 생산이 가능하게 되어 ③ 금은의 유입이 촉진되는 등 국가의 부가 축적되는 데 유익한 것 등이 바로 그것이다: E. P. Hutchinson, *The population debate: the development of conflicting theories up to 1900* (Boston: Houchton Mifflin Company, 1967), pp. 95~8.

32) Glass, *Numbering the people*, p. 90.

33) 릭만이 제출한 비망록의 명칭은 'Thoughts on the utility and facility of general enumeration of the people of the British Empire'이었다.

34) 41 Geo. Ⅱ, c. 15.

35) Edward Higgs, *Making sense of the census revisited: census records for England and Wales 1801~1901; a handbook for historical researchers* (London: Institute of Historical Research, 2005), p. 7.

1801년 센서스의 위원장이었던 릭만은 당시 인구만을 조사하지는 않았다. ① 『지역 교회의 등록 대장』(*parish register*)에서 1700~80년에 매 십 년 단위로 행해진 세례(baptism)와 장례(burial) ② 1781~1800년에 매년 단위로 이루어진 세례와 장례 ③ 1754~1800년에 매년 행해진 혼인(marriage)에 관한 자료를 요구했다. 바로 그것이 바탕이 되어 『지역 교회의 등록 대장 적요』가 작성될 수 있었던 것이다.[36] 즉 1801년의 센서스는 조사 시점의 동태뿐만 아니라 18세기 잉글랜드의 인구 통계까지 추계했던 것이다.

### (2) 인구 증가의 사실 확인

『지역 교회의 등록 대장 적요』는 1801년에 실시된 센서스의 산물이었다. 그것의 기여는 무엇보다도 18세기 잉글랜드에서 인구 증가의 여부를 두고 벌어진 논쟁을 종식시켰다는 것이다. 사실, 당시 잉글랜드인들은 인구 동태에 결코 무관심하지 않았다. 오히려 상당한 관심이 표명되고 있었다. '인구가 증가하고 있는가? 아니면 감소하고 있는가?'를 두고 활발한 논쟁이 벌어진 사실 등이 그것을 잘 나타낸다.[37]

18세기 잉글랜드에서 인구 증가의 여부를 두고 논쟁이 야기된 이유는 센서스가 행해지지 못한 상황과 더불어 '고대의 영광'(the glories of antiquity), 즉 고대와 당시와의 비교에서 고대가 보다 우월했다는 사고가 자리 잡고 있었다.[38] 18세기 잉글랜드에서 고대 이후 인구가 감소

36) 당시 인구 조사에서 릭만은 18세기 영국의 인구뿐만 아니라 지역의 거주자(성별 구분), 가구 및 주택 현황, 직업, 군복무 그리고 특별한 문제점 등을 함께 조사했다; *ibid.*, p. 8.

37) Hollingsworth, *Historical demography*, p.148.

38) 보다 상세한 내용은 김성룡, "18세기 영국의 인구 증감 논쟁," 『慶北史學』 第20輯 (1977), pp. 153~79 참조.

했다는 견해는 몽테스키외(Charles Louis de Secondat Montesquie)와 월리스(Robert Wallace) 등의 주장이 알려지면서 주목을 받게 되었다. 18세기 유럽의 인구가 로마 제국 시기의 약 1/10에 해당된다는 몽테스키외의 견해는 1721년의 『페르시아인의 편지』(*Letters persanes*)와 1748년의 『법의 정신』(*De l'esprit des lois*)에서 확인된다. 특히 『법의 정신』은 잉글랜드의 정치 산술가(political arthmetician)인 페티(William Petty(1623~87))의[39] 견해가 인용되는 등 이전의 『페르시아인의 편지』보다 더 체계적인 주장이 제시되어 주목을 받고 있다.[40]

몽테스키외는 적정 규모의 인구 유지를 위해 고대 그리스에서 행해진 조치와 로마의 인구 증가책을 지적하면서 당시, 즉 18세기 중반보다 샤를마뉴(Charlemagne) 시대에 인구가 더 많았던 이유를 다음과 같이 제시했다. 유럽이 조그마한 국가로 나누어져 있을 때 각 영주들의 노력으로 오히려 많은 인구를 가질 수 있었다는 것이 바로 그것이다. 그래서 그는 소국이 합쳐 큰 국가가 이루어진 당시 상황에서 적정 규모의 인구가 유지되기 위해서는 인구 증가를 위한 특별한 대책이 강구되어야 한다고 주장했다.[41]

---

39) 정치 산술이라는 말은 1674년 페티에 의해 처음 사용되었다(*Discourse of duplicate proportion*). 그러나 그가 이 용어를 생각했던 것은 그 이전이다. 1672년 12월 17일 엥글레스경(Lord Anglesea)에게 보낸 편지에 정치 산술이라는 용어가 사용되었기 때문이다; William Petty, *The economic writing of Sir William Petty*, 윤기중(역), 『페티의 경제학』 (서울: 法文社 , 2005), p.151. 한편 정치 산술가들은 통치자가 현실 세계에 대한 이해와 통제력을 강화하기 위해서는 여러 통계 자료의 수집과 그것의 분석에서 도출된 연구 결과에 바탕을 둔 정책을 수행해야 한다고 믿었다. 그들은 인구를 추상적인 대상이 아니라 살아있는 거주자 그리고 국가의 여러 생산 자원과의 관련 속에서 파악하고자 했다. 정치 산술가들의 견해는 인구 문제가 사회 과학의 중요한 한 분야로 자리 잡는 데 많은 기여를 했다; J. Dennis Willigan and Katherine A. Lynch, *Sources and methods of historical demography* (New York: Academic Press, 1982), pp.14~7.

40) Sylvana Tomaselli, "Moral philosophy and population questions in eighteenth century Europe," in Michael S. Teitelbaum and Jay M. Winter(eds.), *Population and resources in western intellectual traditions* (Cambridge: Cambridge University Press, 1989), p.13.

41) Charles Louis de Secondat, Montoesquie *De l'esprit des lois* (1748), 申相楚(譯), 『法의 精神』(서울: 乙酉文化社, 1983), pp. 372~3, 381~2.

월리스도 1753년과 1761년에 발표된 그의 저작을 통해 인구가 감소했다는 몽테스키외의 견해를 다음과 같이 옹호했다.[42] ① 특별한 조치가 없을 경우 전쟁·기근 등으로 인해 인구 증가는 제한될 수밖에 없으며 ② 그것이 고대 이후 인구가 감소하게 된 이유였다는 것이 바로 그것이다.[43]

물론 월리스의 주장에 비판이 없지는 않았다. 흄(David Hume)의 견해가 바로 그것이다. 인구가 감소하고 있다는 견해에 대한 그의 반론은 대체로 다음의 두 가지로 요약할 수 있다. ① 그리스·로마의 역사가들이 제시한 수치에 의문이 있고 ② 당시 유럽의 정확한 인구수를 모르기 때문에 고대 이후 인구가 계속 감소했다는 견해는 결코 타당하지 않다는 것이 바로 그것이다.[44]

그러나 흄의 견해는 별다른 주목을 받지 못했다. 오히려 인구가 감소하고 있다는 월리스의 견해가 후속 연구에 계속 영향을 미치게 되었다. 벨(William Bell)과[45] 브라운(John Brown)의[46] 저술을 그 예로

---

42) Robert Wallace, *A dissertation on the numbers of mankind, in antient and modern times: in which the superior populousness of antiquity is maintained: with an appendix, containing additional observations on the same subject, and some remarks on Mr. Hume's political discourse, of the populousness of antient nations* (Edinburgh: Printed for G. Hamilton and J. Balfour, 1753), *idem*, *Various prospects of mankind, nature, and providence* (London: printed for A. Millar, 1761).

43) 이상 국가는 인구를 통제할 장치가 있을 수 없기 때문에 인구 폭발이 일어나 붕괴될 것이라는 월리스의 견해는 맬서스에게 많은 영향을 주었다; Jeremy Black and Roy Porter(eds), *The penguin dictionary of eighteenth-century history* (London: Penguin Books, 1996(1994)), p.193.

44) David Hume, "Of the populousness of ancient nations', *Political discourses*," (1752), pp.155~261 quoted in Hollingsworth, *Historical demography*, pp. 333~4.

45) William Bell, *A dissertation on the following subject-what causes principally contribute to render a nation populous? and what effect has the populousness of a nation on its trade? : being one of those to which were adjudged the prizes given by the Right Honourable the Lord Viscount Townshend to the University of Cambridge, in the year 1756, and read there in the public schools on Friday, July the 2nd* (Cambridge: printed by J. Bentham. Sold by W. Thurlbourn, and T. Merrill; also by J. Whitson & B. White, R. & J. Dodsley, B. Dod, and M. Cooper, London; J. Fletcher, R. Clements, and S. Parker, at Oxford; J. Pote at Eton; J. Hildyard at York; and J. Frederick at Bath, 1756), pp. 4~10.

들 수 있다. 두 사람의 연구는 인구가 감소했다는 점에서는 서로 같았다. 그러나 인구 증가의 가능성에 대해서는 서로 다른 입장을 보였다. 벨은 절약, 근면 그리고 규율·절제 등을 통해 인구를 증가시킬 수 있다는 견해를 제시했다.[47] 그러나 브라운은 달랐다. ① 상업이 발달하면 사치와 허영이 조장되어 상부 계층의 혼인 욕구가 줄어들고 ② 도시의 하층민들은 방종과 질병으로 수명이 짧아져 인구는 감소하기 마련이라는 주장을 제기했기 때문이다.[48]

그런데 여기서 눈여겨볼 사실은 18세기 잉글랜드에서 브라운의 주장이 케임브리지(Cambridge)에서 상까지 받은 벨의 저작보다 더 많은 시선을 모았다는 것이다.[49] 이는 고대가 현재보다 우월했다는 견해가 당시 잉글랜드 사회에 널리 수용되고 있었다는 것을 의미하는 것이다. 인구 증가의 가능성에 대한 부정적인 시각이 지배적인 견해로 자리 잡았던 것도 바로 그러한 배경에서 비롯되었던 것이다.

한편, 18세기 잉글랜드에서는 비록 제한된 지역에 바탕을 두었지만, 일종의 통계적 접근을 통해 당시 인구가 감소하고 있다는 견해를 제기하기도 했다. 그 대표적인 견해는 다음의 두 가지로 나누어 볼 수 있다. ① 브레이큰리지(William Brakenridge)와 ② 프라이스(Richard Price)의 주장이 바로 그것이다.

브레이큰리지는 18세기 잉글랜드에서 야기된 인구 증감에 관한 논쟁을 촉발시킨 인물이다. 그는 런던의 『사망력표』(*Bills of mortality*)에

46) John Brown, *An estimate of the manners and principles of the times* (London: Printed for L. Davis, and C. Reymers, 2nd edn., 1757(1757)).

47) Bell, *A dissertation on the following subject*, pp. 4~10.

48) Brown, *An estimate of the manners and principles of the times*, pp.153, 186~8.

49) Glass, *Numbering the people*, pp. 25~6.

서[50] 우연히 1743년 이후 세례와 장례의 수가 감소하고 있다는 사실을 발견했다. 그리하여 1755년에 브레이큰리지는 1687년에 페티가 산출한 사망률과[51] 런던의 집 수와 한 집당 사람 수를 토대로 런던의 인구가 1734~43년의 875,760명에서 1744~53년에는 748,350명으로 약 10년 사이에 127,000여 명이 감소했다는 사실을 왕립 학회(the royal society)를 통해 발표했다.[52]

계속해서 브레이큰리지는 1756년에 두 편의 연구 성과를 제시했다. 그 가운데 1710년경부터 약 40년 동안 잉글랜드의 인구가 감소했다는 내용이 문제가 되었다.[53] 그는 창문세(the window tax)의[54] 통계를 바탕으로 1710년 무렵과 1750년 이후의 인구를 비교했다. 즉 세금을 내지 않은 가난한 집 수를 200,000호로 추정하여, 1710년 무렵의 인구가 약 5,570,000명(929,048(집 수)×6(한 집당 평균 인원))이었던 반면 1750년 이후에는 약 5,340,000명(890,000(집 수))으로 40년 사이에 약 160,000명이 감소했다는 사실을 제시했기 때문이다.[55]

---

50) 『사망력표』는 1592년, 흑사병(plague) 만연 이후 런던과 그 주변의 지역 교회에서 매년 발간한 것이다. 거기에는 사망자들의 사망 원인이 기재되어 있어 사망력 연구에 유용하게 쓰이고 있다; M. W. Flinn, *British population growth, 1700~1850* (London: Macmillan, 1970), p.15.

51) William Petty, *Two essays in political arithmetick concerning the people housing, hospitals, ets. of London* (London: printed for J. Lloyd, 1687).

52) William Brakenridge, "A letter from the Reverend William Brakenridge, D. D. and F. R. S. to George Lewis Scot, Esq., F. R. S., concerning the number of inhabitants within the London bills of mortality," *Philosophical transactions of the royal society*, 48 (1755), pp. 794–5.

53) 논쟁에서 별다른 관심을 받지 못한 추론은 W. Brakenridge, "A letter to George Lewis Scot, Esq; F. R. S. concerning the number of people in England; from the Reverend William Brakenridge, D.D. Rector of St. Michael Bassishaw, London, and F. R .S.," *Philosophical transactions of the royal society*, 49 (1756)이었다.

54) 창문세는 1696년에 그 이전에 벽난로 개수에 따라 세금을 부과한 벽난로세(the hearth tax)를 대신한 것이다. 세금은 창문 수에 따라 부과했다; Paul Mantoux, *The industrial revolution in the eighteenth century: an outline of the beginning of the modern factory system in England* (London: Jonathan Cape Ltd., new and revised edn., 1961(1928)), p. 344.

55) W. Brakenridge, "A letter to George Lewis Scot, Esquire, concering to the present increase of the

한편, 브레이큰리지가 인구 증가의 여부를 둘러싼 논쟁의 촉발자였다면 프라이스는 그것을 더욱 가열시킨 인물이었다. 당대의 저명한 장로교 목사였던 그는 종교 문제뿐만 아니라 생명 보험과 연금 문제의 권위자였다. 프라이스가 논쟁에 가담하게 된 한 계기는 빈민들, 특히 과부들에게 주어지는 연금에 대한 관심에서 비롯되었다. 즉 잘못된 연금 지급을 바로 잡기 위해서는 무엇보다도 정확한 인구 정보가 필요했던 것이다.[56]

1769년 이래 프라이스는 인구가 감소하고 있다는 자신의 견해를 뒷받침하는 저작을 계속 출간했다.[57] 그 가운데 지난 70년 동안 잉글랜드의 인구가 약 1/4 정도 감소했다는 1772년의 저술을 특기할 만하다. 그는 데이브넌트(Charles Davenant)가 제시한 1690년 잉글랜드의 집수, 1,319,215호와 와틀리(T. Whately)의 1766년 저서에서 인용한 집수, 즉 1759년에는 986,482호 그리고 1766년에는 980,062호에 한 집당 평균 성원을 4.5명으로 적용하여 명예혁명 이후 잉글랜드의 인구가 1,500,000명 정도 감소했다고 주장했다.[58] 그래서 그는 당시 잉글랜

people on Britain and Ireland," *Philosophical transactions of the royal society*, 49 (1756), p. 887.

56) Glass, Numbering the people, p. 53.

57) 프라이스는 1737년 이후 런던에서 84,260명의 인구가 감소했다고 주장했다. 그러면서 그는 런던에 새로운 건물이 증가하는 이유를 인구 증가에서 비롯된 것이 아니라고 주장했다. 당시 인구가 감소하고 있다는 자신의 견해를 옹호하고자 했던 그 이유를 다음과 같이 설명했다. 부의 증가로 인해 그만큼 런던에 많은 방이 필요했다는 것이 바로 그것이다; Richard Price, "Observations on the expectations of lives, the increase of mankind, the influence of great towns on population, and particularly the states of London with respect to healthfulness and number of Inhabitants in a letter from Mr, Richard Price, F. R. S. to Benjamin Franklin, Esq; L. L. D. and F. R. S.," *Philosophical transactions of the royal society*, 59 (1769), pp.107~8.

58) Richard Price, *Observations on reversionary payments; on schemes for providing annuities for widows, and for persons in old age; on the method of calculating the values of assurances on lives; and on the national debt: to which are added, four essays on different subjects in the doctrine of life-annuities and political arithmetick: also, an appendix, the second edition with a supplement* (London: Printed for T. Cadell, 1772), pp. 362~5. 프라이스는 인클로저(enclosure)를 인구 감소의 중요한 원인으로 제시했다; *Ibid.*, pp. 92~3.

드의 인구 상태를 즉시 조사할 필요성을 강조하는[59] 한편 인구 감소가 국가 부채를 증가시킨 한 원인이라는 저술을 발표하기도 했다.[60]

한편, 1780년에 출간된 저서에서 프라이스는 인구가 감소했다는 자신의 설명을 보다 구체적으로 제시했다. 당시 그는 맥주, 포도주 그리고 독주 등에 부과하는 세금이 감소한 사실을 예로 들면서 명예혁명 이후 잉글랜드의 인구가 약 1/4이 감소한 사실을 뒷받침하고자 했다. 즉 1689년에는 740,147 L 그리고 1768년에는 527,991 L에 달하는 술에 세금이 부과되었는데 당시 음주가 증가하고 있었던 상황을 고려하면 그것이 인구 감소를 분명히 하는 단적인 예라는 것이다.[61] 계속해서 프라이스는 윌리엄 3세(William Ⅱ)가 1689년에 발발한 아일랜드와의 전쟁으로 새로이 23개 연대를 창설하는 데 6주가 소요되었지만 당시에 그러한 경우가 생길 경우 그보다 늦어질 것이라는 견해를[62] 제시하면서 인구 감소론을 다시 옹호하고자 했다.

물론 브레이큰리지와 프라이스의 견해에 대한 비판이 없었던 것은 아니다. 두 차례에 걸쳐 논쟁이 야기될 정도로 많은 논란이 있었다.[63]

---

59) *ibid.*, pp. 401~4.

60) Richard Price, *An appeal to the public, on the subject of the national debt, the second edition, with an appendix, containing explanatory observations and tables; and an account of the present state of population in Norfolk* (London: printed for T. Cadell, 1772), pp. 45~6, 85~97.

61) Richard Price, A*n essay on the population of England, from the revolution to the present time, with an appendix, containing remarks on the account of the population, trade, and resources of the kingdom, in Mr Eden's letters to Lord Carlisle* (London: Printed for T. Cadell, 1780), pp.18~20..

62) *ibid.*, p. 22.

63) 그 대표적인 저작은 대체로 다음과 같다; R. Forster, “An extract of the register of the parish of Great Shefford, near Lambourne, in Berkshire, for ten years: with observations on the same: in a letter to Tho. Birch, D. D. Secret R. S. from the Rev. Mr. Richard Forster, rector of Great Shefford,” *Philosophical transactions of the royal society*, 50(1757), Arthur Young, “Reply to Dr. Price, to the printer of the St. James's chronicle,” (1772) 그의 연구는 2년 뒤에 출간된 『정치 산술』(*Political arithmetic: containing observations on the present state of Great Britain and the principles of her policy in the encouragement of agriculture: addressed to the œconomical societies established in Europe: to which is added, a memoir on the corn trade, drawn up and laid before the commissioners*

그와 같은 상황은 대체로 전국적 범위의 인구 조사가 행해지지 않은 상태에서 이루어진 몇몇 사례를 통한 추세의 파악에서 비롯되었다. 즉 인구가 감소했던 지역이나 혹은 세례 수나 장례 수가 정확하게 기재되지 않은 곳이 파악되었을 경우 인구가 감소하고 있다는 견해가 제기될 수 있기 때문이다.

바로 그와 같은 상황이 1801년 센서스의 실시로 종결되었다. 출산력 혹은 사망력의 영향 여부는 분명하게 제시할 수는 없었지만 『지역 교회의 등록 대장 적요』를 통해 18세기에 인구가 증가하고 있었다는 사실(1701년, 5,110,000명 → 1801년, 8,560,000명)이 입증되었기 때문이다.[64]

1801년 릭만의 주도로 작성된 『지역 교회의 등록 대장 적요』는 18세기 잉글랜드에서 인구 증가의 여부를 두고 야기된 논쟁을 일단락시키는 데 이바지했다. 또한, 그것은 18세기 잉글랜드에 관한 최초의 그리고 전국적 범위의 인구 통계로서 그 사료적 가치가 인정되어 이후 약 150년 동안 많은 역사가들이 그들 연구의 기본 자료로 사용했다. 그러나 『지역 교회의 등록 대장 적요』가 모든 문제를 해결한 것은 아니었다. 즉 그것이 18세기 잉글랜드의 인구가 증가했다는 사실

---

*of the treasury, by governor Pownall* (London: Printed for W. Nicoll, 1774))에 다시 수록되었다. William Eden, *Four letters to the Earl of Carlisle, from William Eden, Esq: on certain perversions of political reasoning; and on the nature, progress, and effect of party spirit and of parties: on the present circumstances of the war between Great Britain and the combined powers of France and Spain: on the public debts, on the public credit, and on the means of raising supplies: on the representations of Ireland respecting a free-trade* (London: Printed for B. White and T. Cadell, 3rd. edn., to which is added a third letter, 1780(1799)). William Wales, *An inquiry into the present state of population in England and Wales; and the proportion which the present number of inhabitants bears to the number at former periods* (London: Printed by G. Bigg, 1781).

64) 18세기에 인구가 증가했다는 릭맘의 견해를 유일하게 부정한 사람은 코벳(William Cobbett)이었다. 그의 나이 56세가 되던 1822년, "내가 태어난 이후 잉글랜드의 인구는 단 한 명도 증가하지 않았다"고 말한 것을 예로 들 수 있다; Wrigley, "Population growth in eighteenth-century England," p.127

은 밝혔지만, 그 증가의 원인이 무엇이었던가를 규명하지 못했고, 또 할 수도 없었던 것이다. 『지역 교회의 등록 대장 적요』에서 얻은 정보를 신뢰할 만한 총인구 수, 출산력 그리고 사망력 등으로 전환시킬 수 있는 통계적 기술 등이 당시에는 없었기 때문이다.[65)]

한편, 릭만의 인구 통계는 1811년과 1841년에 수정·보완되었다. 또한, 그 작업은 이후에도 계속되었다. 그러면 그 보완 방법은 무엇이었을까? 그것은 대체로 다음과 같다. 즉 센서스의 기록과 『지역 교회의 등록 대장』과의 비교를 통해 세례와 출생, 장례와 사망 사이의 누락 정도를 조사하여 이를 『지역 교회의 등록 대장 적요』에 일률적으로 소급·적용해 보는 것이다.[66)]

그러나 문제는 여전했다. 누락의 정도를 보완하는 비율이 서로 달랐기 때문에 학자들이 추정한 인구 통계도 서로 상이했다. 자연, 18세기 잉글랜드에 나타난 인구 증가의 원인 설명도 각기 다르게 나타날 수밖에 없었다. 사망률 감소론과 출산율 증가론이 일정한 합의점에 도달하지 못한 채 논쟁이 지속되었던 것이다.[67)] 그러한 해석상의 혼란이 계속되는 가운데 인구 이동(migration)을 전혀 고려하지 않은 방법상의 문제와[68)] 더불어 『지역 교회의 등록 대장 적요』 그 자체의 결함이 보다 분명하게 밝혀졌다.[69)] 그 결과 릭만의 인구 통계에 의거한

65) Wrigley, "The growth of population in eighteenth-century England," p.128.

66) Flinn, *British population growth*, p.13.

67) 김성룡, "영국 역사인구학의 성과와 과제," p. 124.

68) D .V. Glass, "Population and population movement in England and Wales, 1750~1850," in D. V. Glass and D. E. C. Eversley, *Population in history: essays in historical demography* (London: Edward Arnold, 1965), p. 244.

69) 예를 들면 노팅엄(Nottingham)에 있는 3곳의 『지역 교회의 등록 대장』과 『지역 교회의 등록 대장 적요』의 비교에서 1760~1800년에 약 15~33%의 차이가 발견되었다. J. D. Chambers, "Population changes in a provincial town, Nottingham 1700~1800," in L. S. Pressnell(ed.), *Studies in the industrial revolution:*

1950년대 말까지의 추계가 사상누각에 불과하다는 사실이 밝혀지면서 새로운 접근 방법이 모색되기 시작했다.[70]

## 2. 역사 인구학으로 복원한 인구 동태

### (1) 자료와 방법

1960년대 이후 잉글랜드의 역사 인구학은 괄목할 만한 성장을 보이기 시작했다. 그것이 고안·적용한 여러 방법을 통해 과거의 자료들이 다시 검토되고 새롭게 분석되어 비교적 정확한 통계 자료의 뒷받침이 가능해졌기 때문이다.[71] 그렇다면 18세기 잉글랜드의 인구를 보다 정확하게 추계할 수 있는 자료로는 어떠한 것이 있을까? 그와 같은 자료들을 찾는 데 있어서 한 가지 고려해야 할 사실이 있다. 무엇보다도 장기간의 인구 통계가 산출될 수 있어야 한다는 것이 바로 그것이다. 역사 인구학자들은 약 150년의 통계가 작성되는 것을 바람직하게 여기고 있다.[72] 특정 시기의 출산력, 사망력 그리고 혼인력(nuptiality) 등의 변동이 미치는 영향은 적어도 한 세대는 지나야 나타난다는 사실이 고려되었기 때문이다.

그러한 조건을 충족시키면서 인구 통계를 산출할 수 있는 자료로 우

*presented to T. S. Ashton* (Nottingham: John Dickens, repr., 1964(1960)), p.124.

70) Flinn, *British population growth*, p. 20.

71) R. A. Houston, *The population history of Britain and Ireland 1500~1750* (London: Macmillan, 1992), p.13.

72) Richard T. Vann, "The new demographic history," in George G. Iggers and Harnold T. Parker(eds.), *International handbook of historical studies* (London; Methuen, 1980), p.31.

선적으로 들 수 있는 것은 『지역 교회의 등록 대장』이다. 그것은 헨리 8세(Henry Ⅷ)의 총신인 크롬웰(Thomas Cromwell)의 주도로 만들어지게 되었다. 그의 주장으로 각 지역 교회에서 행해지는 세례, 장례 그리고 혼인의 기록을 작성하라는 법령이 1538년에 제정되었던 것이다.73)

물론 초기에 작성된 『지역 교회의 등록 대장』에는 문제가 많았다. 단지 500여 곳에서만 기록이 작성되었으며, 그나마 그 대부분이 기록의 누락 정도가 심했기 때문이다. 그러나 1558년, 엘리자베스 1세(Elizabeth Ⅰ)의 즉위와 함께 사정은 달라졌다. 기록의 작성이 전국적으로 확대되었기 때문이다.74)

이렇게 작성된 『지역 교회의 등록 대장』은 인구 동태를 파악하는데 유용한 자료가 될 수 있었다. 18세기 잉글랜드에서 야기된 인구 증감에 관한 논쟁에서도 그것이 사용될 정도였다. 그러나 『지역 교회의 등록 대장』은 여전히 많은 결함이 있었다. 심지어 기록 그 자체의 신빙성이 의문시되는 경우도 있었다. 그 이유는 대체로 다음과 같이 요약할 수 있다. 첫째, 엄밀한 의미에서 『지역 교회의 등록 대장』은 국교회의 기록이지 전체 인구의 동태를 파악하기 위해 작성된 것이 아니라는 것이다. 더구나 시간이 지남에 따라 비국교도(nonconformity)가 증가하여 기록의 신뢰성에 관한 의문이 더욱 증대될 수 있었다.75) 그 다음, 완전하게 보관된 『지역 교회의 등록 대장』이 그리 많지 않다는

---

73) Wrigley and Schofield, *The population history of England*, p.15.

74) Michael Drake, "Introduction: local population studies," in Michael Drake(ed.), *Population studies from parish registers* (Matlock: Local Population Studies, 1982), p. vi.

75) 특히 1781년 이후 급증하여 1810년대나 1820년대에 절정을 이루었다; J. T. Krause, "Change in English fertility and mortality, 1781~1850," *Economic history review*, 2nd ser., 11 (1953), p. 54. 그러한 사실은 1780~1801년에 비국교도수는 3배 그리고 예배 장소는 15배 이상 증가했다는 예에서도 잘 나타난다; *do.*, "Changing adequacy of English registration," in D. V. Glass and D. E. C. Eversley(eds.), *Population in history* (London: Edward Arnold, 1965), p. 387.

사실이다.[76] 끝으로 성직자들이 기록을 누락·중복하는 등 정확성을 기하지 못한 경우가 많다는 것이다.[77]

바로 그러한 이유에서 지역 교회의 등록이 시행되기 이전 시기의 인구 통계를 산출하거나 혹은 『지역 교회의 등록 대장』의 결함을 보완하기 위해서는 다른 자료가 자연, 필요하게 된다. 그와 같은 자료들로는 『사망력표』, 『납세 대장』(*tax rolls*) 그리고 『거주자 명부』(*listings of inhabitants*) 등을 들 수 있다.[78]

그러나 그러한 자료들 역시 많은 문제를 지니고 있다. 매년 발간된 『사망력표』에는 정확한 병명을 기재되지 못한 경우가 많아 그것의 사용에는 각별한 주의가 요망된다.[79] 또한 『납세 대장』처럼 조세를 목적으로 수집한 자료에는 가난을 구실 삼아 세금 납부를 용케 모면하고자 하는 인간 심리가 반영되어 정확성이 의심스러울 수 있다. 더구나 완전한 『거주자 명부』가 보관된 경우는 흔하지 않다.[80] 그렇다면 앞에서 제시한 자료들의 신빙성을 조사하고 그 결함을 보완하여 획득한 정보를 통계 처리할 수 있는 방법은 과연 어떠한 것이 있을까?

역사상의 인구 통계를 작성하기 위해 잉글랜드의 역사 인구학이 고안·적용한 방법은 대체로 다음과 같다. ① 집성법(aggregation), ② 가족 재구성법(family reconstitution), ③ 소급 추적법(back-projection), ④ 컴퓨터 마이크로시뮬레이션(computer microsimulation) 등이 바로 그것이다.

76) 기록된 종이가 불쏘시개나 병마개 또는 물건을 싸는데 사용된 경우도 있었다; Deane, *The first industrial revolution*, pp. 23~4.

77) B. R. Mitchell and Phyllis Deane, *Abstracts of British historical statistics* (Cambridge: Cambridge University Press, 1962), p. 3.

78) Vann, "Demographic history," in Iggers and Parker (eds.), *International handbook*, p. 31.

79) Flinn, *British population growth*, p. 15.

80) Louis Henry, "Historical demography," *Daedalus*, 97 (1968), p. 386.

집성법은 어떤 지역의 이용 가능한 자료에서 시기별로 출생, 사망 그리고 혼인 등과 같은 각 항목의 총합을 구하여 그것의 변동 추세를 파악하는 방법이다.[81] 그것은 전혀 새로운 방법은 아니라 할 수 있다. 『지역 교회의 등록 대장 적요』도 넓게는 집성법에 속하기 때문이다. 그러나 1950년대 말 이후 추구된 방법은 그 이전과 차이가 있었다. 자료의 엄밀한 비판 · 분석을 통해 총인구수는 알 수 없지만, 인구 변동의 추세를 보다 정확하게 파악할 수 있었기 때문이다.[82]

집성법은 원래, 후술할 가족 재구성법의 대안으로 나온 것이다.[83] 그러나 잉글랜드의 경우는 달랐다. 집성법이 먼저 소개 · 적용되었던 것이다. 1956년에 플뢰리(M. Fleury)와 앙리(L. Henry)에 의해서 프랑스에 소개된 가족 재구성법이 시간과 노력이 너무 많이 요구되었기 때문이다.[84]

집성법의 절차는 대체로 다음과 같다. 『지역 교회의 등록 대장』의 경우를 살펴보자. 먼저, 자료의 정확성 여부를 조사한다. 기록된 것 중에 누락된 부분이나 공백 기간이 없는가를 살피는 것이다.[85] 다음에는 크라우스(J. T. Krause)가 제기한 바와 같이 비국교도 문제를 검토한다.[86] 비국교도가 많이 거주한 지역은 『지역 교회의 등록 대장』

81) D. E. C. Eversley, "Exploitation of anglican parish register by aggregative analysis," in E. A. Wrigley(ed.), *An introduction to English historical demography* (London: Weidenfeld and Nicolson, 1969), pp. 44~5.

82) Vann, "Demographic history," in Iggers and Parker(eds.), *International handbook*, p. 33.

83) Michael Anderson, *Population changes in north-western Europe, 1750~1850* (London: Macmillan, 1988), p.16.

84) Richard E. Beringer, *Historical analysis* (New York: John Wiley and Sons, 1976), pp. 235~6.

85) Eversley, "Exploitation of anglican parish register," in Wrigley(ed.), *An introduction to English historical demography*, pp. 45~9.

86) ibid., pp. 47~53.

의 누락 정도가 심하기 때문에 정확한 인구 추세를 파악할 수 없기 때문이다. 이 작업은 비국교도의 상태가 비교적 상세하게 기술되어 있는 『빅토리아 여왕 기념 잉글랜드의 각주사』(*Victoria history of counties of England*)와 같은 자료의 검토를 통해 이루어진다.[87)]

그러한 엄밀한 검토・비판을 통해 타당성이 입증된 어떤 지역의 『지역 교회의 등록 대장』에서 연구자는 세례, 장례 그리고 혼인을 시기별로 분류하여 그 총수를 기재한다.[88)] 그것이 끝나면 이제 연구자는 인구 통계를 작성하게 된다. 비교적 『지역 교회의 등록 대장』이 잘 보존된 지역의 인구 동태를 살펴보는 집성법은 대체로 다음과 같은 장점이 있다.[89)] ① 후술할 가족 재구성법보다 신속하게 행해질 수 있어 시간적・경제적 비용이 절약되고 ② 가족 재구성법에서는 사용되지 못하는 사료를 이용할 수 있다는 것 등이 바로 그것이다.[90)]

그러한 집성법은 장기적 그리고 광범위한 지역의 인구 동향을 정확하게 파악하는 데는 제약이 있다. 단순히 인구 동태에 나타나는 현상의 총합만으로는 정확한 인구 증감을 분석할 수 없기 때문이다. 그뿐만 아니라 대체로 한 사람의 연구자에 의해 수행되었기 때문에 집성의 범위가 한정되었다. 즉 집성법은 계절에 따른 출생, 사망 그리고

---

87) Drake, "Introduction: local population studies," in Drake(ed.), Population studies, p. xxi. 『빅토리아 여왕 기념 잉글랜드의 각주사』는 잉글랜드 아마추어 지방사의 전성시대의 산물로서 현재에도 계속 간행되고 있다. 상세한 내용은 吳主煥, "地方史 研究: 그 理論과 實際 —英國을 中心으로—," 大丘史學 第30輯 (1986), pp. 39~40 참조.

88) 그 기재 양식은 Eversley, "Exploitation," in Wrigley(ed.), *An introduction to English historical demography*, pp. 67~70 참조.

89) Beringer, *Historical analysis*, p. 236.

90) 집성법을 이용한 연구 중에 특기할 만한 것은 에버슬리(Eversley)의 분석이다. 그는 우스터(Worcester)주의 15개 『지역 교회의 등록 대장』을 분석하여 다음과 같은 사실을 밝혀냈다. 1740년대 이전에는 인구가 증가하다가 질병으로 인해 사망률이 높아져 인구가 감소하는 현상이 되풀이 된 반면 그 이후에는 인구가 지속적으로 증가했다는 그것이다; D. E. C. Eversley, "A survey of population in an area of Worcestershire, 1660~1850," *Population studies*, 10 (1957), pp. 253~79.

혼인의 변동과 같은 단기 동향 파악에 적합한 방법인 것이다.[91)]

이처럼 집성법은 어떤 지역의 개괄적인 인구 변동의 추세를 파악하는 거시적 접근 방법이다. 이에 반해 잉글랜드에서 1966년에 처음으로 실제 연구에 적용된 가족 재구성법은 미시적 접근 방법이라 할 수 있다. 그것을 통해 어떤 지역의 상세한 동태를 파악할 수 있기 때문이다.[92)]

그러한 가족 재구성법은 전혀 새로운 것은 아니었다. 족보를 통해 상층 가족의 출생, 사망 그리고 혼인을 조사한 다음 그들 가족의 인구 동태를 파악하는 연구가 종래에도 행해졌기 때문이다.[93)] 그러나 그러한 연구는 사회의 특수한 일부 계층에 적용되었기 때문에 전체 사회의 인구 변동을 살펴볼 수는 없었다. 그 결과 족보를 통한 종래의 가족사 연구의 결점을 보완하기 위해 『지역 교회의 등록 대장』을 통한 새로운 접근 방법이 모색되었다. 그것이 바로 가족 재구성법이다.

가족사를 인구사로 연결·발전시켜 지방사 연구에 많은 기여를 한,[94)] 가족 재구성법의 절차는 다음과 같다. 먼저 『지역 교회의 등록 대장』에서 세례, 장례 그리고 혼인의 총계를 집계하여 그 변동 추세를 파악한다. 이는 『지역 교회의 등록 대장』의 기록에 누락이 있는가를 알 수 있고, 가족 재구성이 끝난 후 서로 비교하여 결함을 보완할

---

91) Beringer, *Historical analysis*, p. 237.

92) Anderson, *Population change in north-western Europe*, p.16.

93) Hollingsworth, *Historical demography*, pp. 157, 199. 홀링스워스는 잉글랜드의 귀족 가문은 17세기에는 출산력이 낮아지고 사망력이 높았고 그리고 혼인 연령은 높아졌지만, 18세기, 특히 1740년대 이후 출산력과 사망력의 변동이 프랑스 귀족보다 가족의 규모를 2배 크게 만들었다는 것을 밝혔다. 또한 그는 귀족의 인구 동태 추이를 약 한 세대 혹은 그 이상의 간격을 두고 일반 대중이 답습했으며, 현대로 올수록 서로 유사한 변동 모습을 보인다고 주장했다; T. H. Hollingsworth, "The demography of the British peerage," *supplement to population studies*, 17(1964), pp.71~2.

94) 吳主煥, "地方史 硏究," p. 65.

수 있기 때문이다.[95]

그러한 예비 조사가 끝나면 『지역 교회의 등록 대장』의 개인별 세례, 장례 그리고 혼인의 기록을 카드로 작성한다. 그 이유는 대체로 다음과 같다. ① 16~17세기 문서를 판독함에 있어 각별한 기술이 요구된다는 현실과 ② 『지역 교회의 등록 대장』을 그대로 사용할 경우 혹 생길 수 있는 실수를 고려했기 때문이다.[96]

그다음 세례 수, 장례 수 그리고 혼인 수가 기재된 카드를 가족별로 분류하여 일종의 가족 족보를 복원한다.[97] 이렇게 가족 재구성이 완료되면 시기별 혼인 연령, 출산율, 사망률, 평균 자녀 수 그리고 평균 수명 등을 산출하게 된다.

이처럼 가족 재구성법은 대단히 복잡한 과정이 요구된다. 그러나 일단 이 방법이 성공적으로 수행되면 인구 동태에 관한 상세하고도 정확한 정보를 제공받을 수 있게 된다.[98] 그뿐만 아니라 가족 재구성법은 어떤 지역 사회의 모든 가족을 조사하기 때문에 인구 정보 이외에도 가족이나 지역 사회에 관한 다른 생활상까지도 보여줄 수 있다.[99] 즉 상위 계층의 생활상이 아니라 그들이 생각하고 말하고 행동

---

95) E. A. Wrigley, "Family reconstitution," in Wrigley(ed.), *Introduction to English historical demography*, pp.112~7.

96) ibid., pp.117~21.

97) 가족 재구성법의 용지와 그 기재 방법은 E. A. Wrigley, *Population and history* (London: World University Library, 1969), pp. 84~5 참조.

98) Anderson, *Population change in north-western Europe*, p.15.

99) Beringer, *Historical Analysis*, p.236. 가족 재구성법을 이용한 것 가운데 특기할 만한 것은 리글리의 연구이다. 잉글랜드에서 가족 재구성법을 처음으로 시행한 그는 1966년에 데번(Devon)주 콜리턴(Colyton)의 사례 연구에서 다음과 같은 사실을 밝혀냈다. ① 인구가 증가하는 16세기 후반에서 17세기 전반 사이에 평균 혼인 연령이 낮아지고, 이와 반대로 17세기 후반에서 18세기 전반의 인구 증가가 정체된 시기에는 혼인 연령이 높아졌으며 ② 18세기 후반의 높은 인구 증가를 보인 시기에는 혼인 연령이 낮아졌고 ③ 1647~1719년에 혼인 출산력(marital fertility)이 저하했는데, 그것이 산아 제한(family limitation)을 시사한다는 것이다; E. A. Wrigley, "Family limitation in pre-industrial England," *Economic history review*, 2nd ser., 19 (1966), pp. 82~106. 그러나 그의 연구는 많은 논란을 가져왔으며 그 결과 산아 제한으로 보기

한 바를 글로 남길 수 없었던 역사 속의 침묵자인 민중이 영위한 삶의 한 단면을 밝혀주었다는 점에서 그 의의는 자못 크다 하겠다. 가족 재구성법을 두고 역사 인구학의 혁명[100] 혹은 계량 사학의 탁월한 업적의 하나라고 평가되는 것도 바로 그와 같은 이유에서 비롯되었던 것이다.[101]

그러한 가족 재구성법은 전산화 작업이 가능하게 되면서 더욱 발전하게 되었다. 그 작업은 다음의 두 단계로 이루어진다. ①『지역 교회의 등록 대장』에서 개인별, 가족별 정보를 구하고 ② 그것을 바탕으로 통계를 작성하는 것이다. 두 번째 단계에서 컴퓨터를 이용하는 것은 용이한 일이다.

그러나 첫 번째의 경우 많은 어려움이 있다. 특히 문제가 되는 것은 한 개인의 2세, 3세가 같은 이름을 사용한 경우가 흔하다는 사실이다.[102] 이러한 어려움이 제기된 이후 그것을 해결하고자 하는 많은 노력이 있었다. 그 결과 데이터베이스에 인구사적 그리고 생물학적인 조건이 입력되어 동일인의 여부를 확인할 수 있게 되었다.[103]

---

에는 많은 문제가 있다는 사실이 밝혀지게 되었다. 1647~1719년의 혼인 출산력의 저하는 1645년 11월에서 1646년 12월 사이 콜리턴에서 만연한 흑사병의 후유증이라는 것이다. 흑사병으로 가임 여성의 상당수가 사망했고 살아남은 여성도 불임, 조산 그리고 유산 등의 피해를 입게 되었던 것이다; R. B. Morrow, "Family limitation in pre-industrial England: a reappraisal," *Economic history review*, 2nd ser., 31 (1978), p. 436. 또한, 13개 지역 교회의 영역을 가족 재구성법으로 분석한 결과도 당시 잉글랜드의 출산력은 자연 출산력(natural fertility)으로 결코 인위적인 산아 제한은 없었다는 사실을 뒷받침하고 있다; E. A. Wrigley and R. S. Schofield, "English population history from family reconstitution: summary result, 1600~1799," *Population studies*, 37 (1983), p.169.

100) Micheal W. Flinn, *The European demographic system 1500~1820* (Baltimore: The John Hopkins University Press, 1981), p. 2.

101) Richard T. Vann, "History and demography," *History and theory*, 9 (1969), p. 74.

102) E. A. Wrigley and R. S. Schofield, "Nominal record linkage by computer and the logic of family reconstitution," in E. A. Wrigley(ed.), *Identifying people in the past* (London: Edward Arnold, 1973), p. 68.

103) Kevin Schurer, Jim Oeppen and Roger Schofield, "Theory and methodology: an example from historical demography," in Peter Denley, Stefan Foolgelvik and Charles Harver(eds.), *History and computing II* (Manchester: Manchester University Press, 1989), pp. 130~42; 李興卓, "歷史人口學,

그런데 가족 재구성법은 앞에서 말한 여러 장점도 있지만, 무엇보다도 많은 시간과 노력이 요구된다는 중대한 결점을 지니고 있다. 최근까지도 10,000여 옛 지역 교회 가운데 26개만이 체계적인 분석이 이루어진 실정이다.[104] 전산화가 가능해졌지만 『지역 교회의 등록 대장』에서 획득한 인구 정보를 입력하는 과정에 여전히 많은 시간을 필요로 하고 있다. 또한, 이동이 심한 개인이나 가족은 누락될 수 있고, 독신으로 지낸 자는 결코 추적하기가 용이하지 않기 때문에 정확성을 기대하기가 어렵다.[105] 비록 가족 재구성법이 인구 동태에 관한 많은 정보를 제공하지만 이는 『지역 교회의 등록 대장』이 완전한 일부 지역에만 한정되는 것이다.

이처럼 1970년대까지도 19세기 이전의 인구 동태에 관한 논의는 많은 제약을 받았다. 집성법 그리고 가족 재구성법 등이 모두 정확한 인구 통계를 산출하기에는 약간의 결함들을 가지고 있기 때문이다. 그러나 1980년대에 접어들면서 잉글랜드의 인구사 연구는 획기적인 전환점을 맞이하게 되었다. 상세하고도 정확한 전국적 범위의 인구 통계 작성이 가능한 소급 추적법이라는 새로운 방법이 개발·적용되었기 때문이다.

만약 어떤 시기의 총인구 수, 연령별 인구 구조, 그리고 출산율과 사망률을 안다면 그 시기 이후의 인구를 추정할 수 있을 것이다. 이와 미치기지로 시기별 출생 수, 사망 수, 출산율, 사망률 그리고 신뢰

方法論의 現況-케임브리지 그룹을 중심으로-."『韓國人口學會誌』第2券 第2號(1989, 12) pp. 59~62.

104) E. A. Wrigley, R. S. Davis, J. E. Oeppen and R. S. Schofield, *English population history from family reconstitution* (Cambridge: Cambridge University Press, 1997)이 26개 지역에 관한 체계적인 분석의 결과이다. 그 외 단일 조사 수준의 연구가 20~30개 지역에서 수행되었다.

105) Wrigley and Schofield, *The population history of England*, pp.103~4.

할 만한 인구 조사에 의한 총인구 수와 연령별 인구 구조를 안다면 과거의 인구도 역시 추정할 수 있다. 그것을 원용한 것이 바로 소급 추적법이다.106)

1964년 인구 및 사회 구조사의 연구를 위해 라슬레와 리글리를 중심으로 설립된 케임브리지 그룹(Cambridge group of the population and social structure)은 1541~1871년 잉글랜드의 인구 통계를 다음과 같이 산출했다. 먼저, 그들은 시기별 출생, 혼인 그리고 사망 수를 구하기 위해 전국 10,000여 지역 교회의 관리 영역 가운데 404곳을 선택했다. 그리고 1539년에서 1837년 사이의 기록을 얻은 다음 그것을 전국적 범위로 환산했다. 또한, 전국 호적 신고소(The general register for birth, deaths, and marriages in England)의 『연례 보고서』(*Annual reports*)를 통해 1838년 이후의 인구 통계를 획득했다.

그다음, 역대 센서스 가운데 비교적 정확하다고 평가받는 1871년의 기록에서 연도를 거슬러 올라가면서 인구 통계를 산출했다. 즉 앞에서 조사한 각 시기별 출생, 사망 그리고 인구 이동에 관한 추계를 1541년까지 소급 적용하여 총인구 수를 산출했던 것이다. 그뿐만 케임브리지 그룹은 자연 증가율에서 사망률을 제외하여 출산율을 계산하고, 계속 거슬러 올라가면서 연령별 인구 구조도 파악했다. 그러한 소급 추적법에 의해서 작성된 인구 통계와 그 내용 분석이 바로 『1541~1871년, 잉글랜드의 인구사』로 출간된 것이다.107)

그것은 케임브리지 그룹의 15여 년간에 걸친 노력의 결정이라 할

106) *ibid.*, pp.715~38; 李興卓 "歷史人口學," pp. 62~6.

107) 소급 추적법에 대한 상세한 소개는 Wrigley and Schofield, *The population history of England*, pp. 563~87, 715~38 참조.

수 있다. 그들은 시기별 총인구 수, 연령별 인구 구조, 출산율, 사망률 등을 산출했을 뿐만 아니라 많은 통계 자료와 도표를 첨부함으로써 잉글랜드의 인구사에 관한 보다 체계적인 이해를 가능케 했다.

그러한 성과들은 230명의 지방 인구사가들의 협력이 바탕이 되었다. 그들은 케임브리지 그룹의 창립 시부터 단지 ￡2의 사례금만 받고 『지역 교회의 등록 대장』을 분석·정리하여 신뢰할 만한 자료들을 제공해 주었다. 『1541~1871년, 잉글랜드의 인구사』의 발판이 된 404개 『지역 교회의 등록 대장』의 분석도 그들의 협조로 이루어진 것이다. 그들을 '잉글랜드의 숨겨진 병기'(le secret weapon anglais)라 칭한 프랑스 인구학자 앙리의 언급이[108] 잉글랜드의 지방사가들이 인구사에 기여한 정도를 잘 나타낸다.

그러나 케임브리지 그룹의 접근 방법과 결과들은 시선을 모은 만큼이나 많은 비판과 회의를 불러일으켰다. 특히 문제가 되는 것은 인구 이동에 관한 것이었다. 어느 시기의 인구 이동에 관한 정확한 실태를 알지 못한 상태에서 각 시기별 인구를 추정할 경우 실제와는 상이한 인구 구조를 나타낼 수 있기 때문이다.[109]

그러한 비판에 대한 케임브리지 그룹의 반론도 만만치 않았다. 먼저, 그들은 13개에 달하는 『지역 교회의 등록 대장』을 가족 재구성법으로 분석한 결과를 통해 소급 추적법의 결과를 뒷받침했다. 그것과 소급 추적법의 성과들이 서로 흡사했기 때문이다.[110]

108) Richard Wall, "Harnessing leisure to research: English local history," *ESRC newsletter*, 51 (1984), pp. 25~7.

109) M. P. Gutmann, "Gold from dross? population reconstruction for the pre-census era," *Historical method*, 17 (1984), pp.15~6.

110) Wrigley and Schofield, "English population history from family reconstitution," pp.157~84

그뿐만 아니라 케임브리지 그룹의 전문 통계학자인 오펜(Jim Oeppen)도 소급 추적법의 결과를 뒷받침하는 성과를 제시했다. 그에 의해 개발된 수정 역추적법(generalized inverse projection)이 바로 그것이다. 오펜은 보다 정확한 사망률을 추론할 수 있는 생명표와 새로운 인구 이동의 정보를 적용하여 1541년에서 1871년의 인구 통계를 작성했다. 그 결과 그는 당해 시기의 인구 이동이 총인구수에 미친 영향이 미미하다는 사실을 밝혀냈다.[111] 1989년에 출간된 『1541~1871년, 잉글랜드의 인구사』의 보급판에서 '데이터의 많은 실수와 모호함에도 불구하고 『1541~1871년, 잉글랜드의 인구사』의 주요 개요는 여전히 믿을 만하다'는[112] 언급이 제시된 것도 바로 그와 같은 이유에서 비롯되었던 것이다.

한편, 역사 인구학은 인구 변동뿐만 아니라 그것의 배경을 설명할 수 있는 방법을 고안·적용했다. 인구의 재생산과 밀접한 관련이 있는 친족이나 가구 구조의 변화를 분석하는 컴퓨터 마이크로시뮬레이션이 바로 그것이다. 잉글랜드의 경우 라슬레의 '실험적 역사'(experimental history)가 그것을 대표한다.[113] 그것은 기존의 생물·인구학적인 통계들을 바탕으로 한 사람이 출생 후 혼인 그리고 가구를 구성할 수 있는 여러 경우를 모의 실험하는 것을 의미하는 것이다.

그러한 방법은 보다 발전되어 어느 시기에 한 사람이 가질 수 있는 친족의 수 등을 모의 실험하여 친족 수의 변화에 따른 사회 변동 등

---

111) Jim Oeppen, "Back-projection and inverse projection: members of a wider class of constrained projection models," *Population studies*, 47 (1993), pp. 245~67.

112) Wrigley and Schofield, *The population history of England*, p. xvi.

113) 라슬레의 실험적 역사에 대해서는 Kenneth W. Wachter and Eugene A. Hammel, "The genesis of experimental history," in Lloyd Bonfield, Richard Smith and Keith Wrightson(eds.), *The world we have gained: histories of population and social structure* (Oxford: Blackwell, 1986), pp. 388~406.

을 복원하는 데 많은 기여를 했다. 17세기 중반보다도 18세기 후반에 보다 복잡한 친족 구성이 나타날 수밖에 없다는 분석을 그 예로 들 수 있다.[114] 컴퓨터 마이크로시뮬레이션은 또한 사회 복지와 관련된 분야의 연구에도 많은 기여를 했다. 즉 낮은 평균 수명과 혈연관계의 조기 단절로 인해 구호와 원조를 친족보다는 사회 공동체에서 행할 수밖에 없었다는 것을 제시하여 사회 복지의 본성과 그 기원에 대한 보다 정확한 이해를 가능케 했던 것이다.[115]

### (2) 증가의 가속화와 출산력의 증가

1960년대 중반 이후 잉글랜드의 역사 인구학은 괄목할 만한 성과를 거두었다. 그 결과 오랜 논란의 대상이었던 18세기 잉글랜드의 인구 변동에 대해 비교적 정확한 추세의 파악이 가능하게 되었다. 종전에 미처 파악되지 못했거나 잘못 이해된 사실들이 수정된 것도 그와 같은 상황에서 기인했던 것이다.

그러한 경우로 다음의 두 가지 사실을 들 수 있다. ① 18세기 잉글랜드의 인구 동태는 서유럽의 여타 국가에 비해 대조적인 현상이었으며 ② 그 세기 전반부에도 상당한 인구 증가가 있었다는 사실이 바로 그것이다.

---

114) Peter Laslett, "La parentéen chiffres," *Annales economies, sociétés, civilisations*, 43 (1988), p.16. 17세기 잉글랜드의 경우 생존 친족 수가 그 이전과 이후 시기에 비해 적었다는 연구 성과가 라슬레의 견해를 뒷받침한다; James E. Smith and Jim Oeppen, "Estimating numbers of kin in historical England using demographic microsimulation," in David S. Reher and Roger Schofield(eds.), *Old and new methods in historical demography* (Oxford: Basil Blackwell, 1993), p. 295.

115) David Thomson, "Welfare and the historians," in Bonfield, Smith and Wrightson(eds.), *The world we have gained: histories of population and social structure* (Oxford: Blackwell, 1986), pp. 355~78; Keith Wrightson, *English society, 1580~1680* (London: Unwin Hyman Ltd., 6th impression, 1990(1982)), pp. 223~4.

<표 Ⅱ-1>은 16~19세기 잉글랜드를 비롯한 서유럽의 국가의 총인구수와 인구 증가율을 나타낸 것이다. 표에서 확인할 수 있는 사실은 당시 잉글랜드의 인구 증가가 다른 어떤 국가보다 현저했다는 것이다. 특히 네덜란드와의 비교는 더욱 그러했다. 그 이전 세기에 대외무역을 두고 경쟁을 벌인 경우와[116] 대조되는 현상이라 할 수 있다. 즉 서로 경쟁했던 17세기에는 흡사한 증가율을 나타냈다. 그러나 18세기에는 서로 비교조차 될 수 없었다.

〈표 Ⅱ-1〉 1550~1900년 서유럽 중요 국가의 총인구 수와 증가율[1)]

인구수(단위: 백만 명)

| 지역 \ 시기 | 1550년 | 1680년 | 1820년 | 1900년 |
|---|---|---|---|---|
| 잉글랜드 | 3.0 | 4.9 | 11.5 | 30.5 |
| 프랑스 | 17.0 | 21.9 | 30.5 | 38.5 |
| 네덜란드 | 1.2 | 1.9 | 2.0 | 5.1 |
| 스페인 | 9.0 | 8.5 | 14.0 | 18.6 |
| 이탈리아 | 11.0 | 12.0 | 18.4 | 32.5 |
| 독일 | 12.0 | 12.0 | 18.1 | 43.6 |
| 서유럽 | 61.1 | 71.9 | 116.5 | 201.4 |

증가율(단위: %)

| 지역 \ 시기 | 1550~1680년 | 1680~1820년 | 1820~1900년 |
|---|---|---|---|
| 잉글랜드 | 64 | 133 | 166 |
| 프랑스 | 29 | 39 | 26 |
| 네덜란드 | 58 | 8 | 149 |
| 스페인 | -6 | 64 | 33 |
| 이탈리아 | 9 | 53 | 77 |
| 독일 | 0 | 51 | 142 |
| 서유럽 | 18 | 62 | 73 |

1) Wrigley, "The growth of population in eighteenth-century England," p. 98.

116) 李憲均, "2차 영네 전쟁(1665~1667)의 원인과 영향," 『歷史敎育論輯』 第十九輯 (1994), p. 155.

한편, <표 Ⅱ-2>는 18세기 잉글랜드의 총인구수를 추계한 여러 통계들이 제시되어 있다. 표를 보면 『지역 교회의 등록 대장 적요』를 바탕으로 한 통계와 새로운 방법으로 작성된 통계 사이에 중요한 차이점이 있다는 것을 알 수 있다. 18세기 전반부의 인구 증가율이 상이하다는 것이 바로 그것이다. 종래에는 18세기 전반부에 미미한 인구 증가가 나타났다는 견해가 널리 수용되었다.117) 그 한 가지 예로 『지역 교회의 등록 대장 적요』를 바탕으로 1916년에 작성된 브라운리(J. Brownlee)의 통계를 들 수 있다. 1701～40년에 매년 약 0.05% 그리고 1741~1800년에는 매년 약 0.73%의 인구 증가를 보였다는 것이 바로 그것이다. 이는 18세기 잉글랜드의 인구 증가는 그 세기 후반부의 급증한 증가율에서 비롯되었다는 것을 의미하는 것이다.118)

〈표 Ⅱ-2〉 18세기 잉글랜드의 총인구 수와 증가율[1)]

총인구수(단위: 백만 명)

| 구분 | 『지역 교회의 등록 대장 적요』에 바탕을 둔 통계 | | | | | | 최근 통계 | |
|---|---|---|---|---|---|---|---|---|
| 작성자 / 연도 | Rickman (1801) | Finlaison (1831) | Farr (1861) | Brownlee (1916) | Griffith (1926) | Ohlin (1955) | Lee and Schofield | 소급 추적법 |
| 1701 | 5.112 | 4.795 | 5.716 | 5.440 | 5.449 | 4.90 | 4.94 | 5.058 |
| 1711 | 4.893 | 4.675 | 5.838 | 5.585 | 5.615 | 5.11 | 5.15 | 5.230 |
| 1721 | 5.197 | 4.991 | 5.839 | 5.604 | 5.648 | 5.16 | 5.29 | 5.350 |
| 1731 | 5.412 | 5.312 | 5.774 | 5.553 | 5.610 | 5.15 | 5.22 | 5.263 |
| 1741 | 5.663 | 5.444 | 5.746 | 5.534 | 5.615 | 5.18 | 5.55 | 5.576 |
| 1751 | 6.039 | 5.640 | 5.917 | 5.734 | 5.839 | 5.45 | 5.79 | 5.772 |

117) Phills Deane and W. A. Cole, *British economic growth, 1688～1959; trends and structure* (Cambridge: Cambridge University Press, repr., 1980(1962)), p.105; R. D. Lee and R. S. Schofield, "British population in the eighteenth century," in R. C. Floud and D. N. McCloskey(eds.), *The economic history of Britain since 1700*, vol. 1. *1700～1860* (Cambridge: Cambridge University Press, 1981), p.21.

118) 〈표 Ⅱ-2〉 참조.

| 1761 | 6.209 | 6.051 | 6.726 | 6.134 | 6.224 | 5.90 | 6.18 | 6.147 |
|---|---|---|---|---|---|---|---|---|
| 1771 | 6.936 | 6.750 | 6.680 | 6.535 | 6.653 | 6.41 | 6.51 | 6.448 |
| 1781 | 7.427 | 7.298 | 7.073 | 7.033 | 7.080 | 6.90 | 7.07 | 7.042 |
| 1791 | 8.101 | 7.976 | 7.710 | 7.701 | 7.672 | 7.64 | 7.67 | 7.740 |
| 1801 | 8.561 | 8.579 | 8.585 | 8.550 | 8.561 | 8.55 | 8.55 | 8.664 |

1,000명당 인구 증가율

| 구분 | 『지역 교회의 등록 대장 적요』에 바탕을 둔 통계 | | | | | | 최근 통계 | |
|---|---|---|---|---|---|---|---|---|
| 작성자 / 연도 | Rickman (1801) | Finlaison (1831) | Farr (1861) | Brownlee (1916) | Griffith (1926) | Ohlin (1955) | Leeand Schofield | 소급 추적법 |
| 1701~11 | -43 | -25 | 21 | 27 | 30 | 43 | 43 | 34 |
| 1711~21 | 62 | 68 | 0 | 4 | 6 | 10 | 27 | 23 |
| 1721~31 | 41 | 64 | -11 | -9 | -7 | -1 | -13 | -16 |
| 1731~41 | 46 | 25 | -4 | -3 | 1 | 6 | 63 | 59 |
| 1741~51 | 66 | 36 | 30 | 36 | 40 | 52 | 43 | 35 |
| 1751~61 | 42 | 73 | 61 | 70 | 65 | 83 | 67 | 65 |
| 1761~71 | 103 | 115 | 64 | 74 | 69 | 86 | 53 | 49 |
| 1771~81 | 71 | 81 | 59 | 68 | 64 | 76 | 86 | 92 |
| 1781~91 | 91 | 93 | 90 | 96 | 84 | 107 | 85 | 99 |
| 1791~1801 | 57 | 76 | 113 | 110 | 116 | 119 | 115 | 119 |

1) Wrigley and Schofield, *The population history of England*, pp. 577, 585.

그러나『지역 교회의 등록 대장 적요』에 바탕을 두지 않는 역사 인구학의 새로운 방법, 즉 소급 추적법 등으로 추계된 인구 통계는 그와는 다른 모습을 보여 준다. 18세기 전반부에 연평균 약 0.30% 그리고 후반부에 매년 약 0.71%의 인구 증가율을 제시하고 있기 때문이다.[119] 비록 전반부보다 후반부에 약 2배의 높은 증가율이 나타났지만, 18세기 후반부에 인구가 집중적으로 증가하지는 않았던 것이다.

119) Lee and Schofield, "British population in the eighteenth century," in Floud and McCloskey(eds.), *The economic history of Britain since 1700*, vol. 1, p. 22.

즉 1721~31년의 예외적인 경우를 제외하고는 꾸준히 그리고 시간이 흐를수록 인구 증가가 가속화되었던 것이다.[120)]

그렇다면 증가의 가속화가 나타난 18세기 잉글랜드의 인구 변동은 어떠한 원인에서 비롯되었을까? 인구 이동, 사망 그리고 출산 가운데 어느 것이 주된 요인이었을까? 먼저, 인구 이동부터 살펴보기로 하자. 인구 이동은 개인 혹은 집단이 일상의 거주지를 영구적 혹은 반영구적으로 옮기는 것을 말한다.[121)] 이러한 기본적인 정의는 쉽게 규정될 수 있다. 그러나 그러한 움직임을 추적하기란 결코 용이하지 않다. 특히 이동의 정보와 통계 자료를 구하기가 곤란한 과거의 경우는 더욱 그러하다.

당시 잉글랜드의 인구 이동에 관해서는 대체로 다음과 같은 사실을 도출할 수 있다. 그것은 국내의 이동과 순이동(net migration)으로[122)] 나누어 볼 수 있다. 국내의 경우 일부 예외적인 경우를 제외하고는 대체로 그 지방 안에서 단거리 이동을 보였다.[123)] 헤이(David Hey)의 연구가 그것을 잘 보여준다.

> 튜더(Tudor), 스튜어트(Stuart) 시기 잉글랜드인의 이동은 시장 도시를 중심으로 대체로 20~25마일 반경 안에서 이루어졌다. 이것이 그 시기 사람들이 생각한 '국가'(country)였다.[124)]

---

120) 1721~31년의 인구 감소는 1727~31년에 비정상적으로 높았던 사망력에서 비롯되었다; Wrigley and Schofield, *The population history of England*, pp. 413~4.

121) migration이란 단어는 'migrare'라는 라틴어에서 유래한 것으로 '거처를 옮긴다'는 뜻을 가지고 있다; William Petersen, *Population* (New York: Macmillan, 1975), p. 280.

122) 순이동은 외국으로부터의 이동에서 외국으로의 이동을 제외한 것을 말한다.

123) 여기서 지방이라 함은 지방 공동체를 말한다. 즉 '국가를 형성할 수 있으나 그 보다 작은 영역인 농촌 혹은 도시의 공동체를 총칭하는 것'이라고 말할 수 있다. 그러한 지방 공동체는 역사적으로 대부분의 평범한 사람들이 생을 누려왔던 세계로서 자기 충족적인 토착적 결집력이 강한 인간 사회였다; 吳主煥, "地方史研究," pp. 35~7.

사실, 지방별 · 단거리 이동의 양상을 보인 국내의 이동은 외국으로의 인구 유출과는 거리가 있다. 그렇기 때문에 그것이 전체 인구 변동에 미치는 직접적인 영향은 그리 크지 않을 수 있다. 그러나 순이동의 경우는 그와 다를 수 있다. 그것이 총인구수는 물론 출산력의 변동에 직접적인 영향을 미칠 수 있기 때문이다.

〈표 II-3〉 18세기 잉글랜드의 순이동이 자연 증가율에 미친 영향[1]

| 연 도 | 자연 증가 | 순이동 | 영향 | 연 도 | 자연 증가 | 순이동 | 영향 |
|---|---|---|---|---|---|---|---|
| 1701~11 | 224,554명 | 51,973명 | -10% | 1751~61 | 440,824명 | 66,382명 | -11% |
| 1711~21 | 175,248명 | 55,154명 | -10% | 1761~71 | 367,588명 | 66,632명 | -10% |
| 1721~31 | -33,006명 | 54,085명 | -10% | 1771~81 | 642,669명 | 48,342명 | -6% |
| 1731~41 | 361,796명 | 48,973명 | -9% | 1781~91 | 730,391명 | 32,642명 | -4% |
| 1741~51 | 249,856명 | 53,638명 | -9% | 1791~1801 | 965,465명 | 40,855명 | -5% |

1) Wrigley and Schofield, *The population history of England*, p. 227.

순이동은 404곳의 『지역 교회의 등록 대장』에서 실제 집계된 총인구수와 출생률 그리고 사망률을 바탕으로 소급 추적법이 산출한 총인구수와의 차이에서 구할 수 있다. <표 Ⅱ-3>은 그러한 방법으로 산출한 18세기 잉글랜드의 순이동과 그것이 인구 변동에 미친 영향을 나타낸 것이다. 표는 당시 순이동이 인구 증가를 평균 약 8.5% 억제한 사실을 제시하고 있다.[125)]

124) David Hey, *The Oxford guide to family history* (Oxford: Oxford University Press, 1993), p. 68.

125) 17세기 잉글랜드의 경우 순이동의 영향은 비교적 심대했다. 거기에는 대체로 유럽에서 북아메리카로 오는 데 필요한 뱃삯을 대가로 계약된 기간 동안 고용주에게 노동력을 제공하는 청년(youth)을 일컫는 '연한부 계약 서번트'(indentured servants)의 이주가 중요한 원인이 될 수 있었다. 그들의 이동은 잉글랜드의 인구 변동이나 고용 구조에 심대한 영향을 미칠 수 있었다. 1656년에 약 5,281,000명이었던 잉글랜드의 인구가 1686년에 4,865,000명으로 감소했는데 그 원인의 58%가 해외 이주에서 비롯되었다는 추계가 그것을 잘 나타낸다; Wrigley and Schofield, *The population history of England*, p. 228. 18세기 초 잉글랜드의 비교적 낮은 출산율도 거기서 상당 부분 영향을 받았던 것은 물론이다. 한편 연한부 계약 서번트에 관해서는 김성룡, "17세기 미국 버지니아의 연한부 계약 서번트," 『歷史敎育論集』 第41輯

이처럼 18세기 잉글랜드의 순이동이 인구 증가에 미친 영향은 오히려 부정적이었다. 그렇다면 사망력은 어떠한 변동을 보였을까? 과연 그것은 당시 인구 증가에 어떠한 결과를 가져왔을까?

18세기 잉글랜드의 사망력은 대체로 다음과 같은 변화를 보였다. 1670~80년에 32.4세였던 잉글랜드의 평균 수명은 1810년대 말에 38.7세로 한 세기 사이에 6.3세가 높아졌다.[126] 그와 같은 사실은 흔히 사용하는 조사망률(the crude death rate)의[127] 변동에도 잘 나타난다. 즉 1670~80년에는 30.7이던 잉글랜드의 그것이 1810~29년에는 24.5로 감소했기 때문이다.[128]

사실, 사망력 감소는 18세기 잉글랜드의 인구 증가를 설명하는 데 있어서 오랜 관심의 대상이었다. 1920년대 이후 역사 인구학자들뿐만 아니라 의학사가, 경제사가 그리고 다른 분야의 사가들에 의해서 그에 관한 여러 의견들이 제시되었기 때문이다.[129]

사망력 감소의 원인으로 제기된 첫 번째 설명은 '의학 발달론'이었다. 그것을 주도한 사람은 그리피스(T. Griffith)였다. 1926년 그는 대체로 다음과 같은 견해를 제시했다. ① 병원과 시약소의 증가, ② 의학 교육과 연구의 발전, ③ 대중의 위생 수준 향상 등으로 인해 사망률이 감소했다는 것이 바로 그것이다.[130]

---

(2011), pp. 337~75 참조.

126) *ibid.*, pp. 528~9.

127) 조사망률은 어떤 특정 연도의 연앙 인구(mid year population) 1,000명당 1년간의 사망 수를 의미하는 것이다.

128) Wrigley, "The growth of population in eighteenth-century England," p. 131.

129) 질병과 의학 기술에 관한 연구 동향은 Roy Poter, *Disease, medicine and society in England, 1550~1860* (London: Macmillan, 2nd edn., 1993(1987)) 참조.

130) G. Talbot Griffith, *Population problems of the age of Malthus* (Cambridge: Cambridge University Press, 1920), pp. 257~60.

그러한 설명은 약 30년 동안 널리 수용되었다. 그러나 1950년대 중반이 되면서 사정은 달라졌다. 1955년에 두 명의 의학사가들, 즉 맥균(Thomas McKeown)과 브라운(R. G. Brown)에 의해 의학 발달론에 대한 다음과 같은 비판이 제기되었기 때문이다. ① 항생제(antibiotic)나 설파제(sulpha drug) 등이 없는 상태에서 외과 수술은 무력했으며 ② 격리 수용을 하지 않았던 병원에서는 치료보다는 오히려 다른 병에 감염되는 경우가 허다했고 ③ 우두가 일반화된 것은 19세기로 그것이 18세기에는 별다른 영향을 행사하지 못했다는 것 등이 바로 그것이다.[131)]

그 뒤 맥균은 1976년에 '영양 상태의 개선론'를 주장하면서 이전에 제기한 그의 견해를 뒷받침하려 했다. 그는 1700~1850년의 경제 성장으로 인해 잉글랜드인의 식생활에는 대체로 다음과 같은 변화가 나타났다고 주장했다. ① 칼로리 섭취의 증대, ② 섭취 음식물에 함유된 영양소의 균형, ③ 음식물에 함유된 유해물이 배제되는 등의 현상이 바로 그것이다. 맥균은 바로 그러한 변화들을 사망력 감소의 원인으로 제시했다.[132)] 다시 말하면 질병에 노출되는 것은 어쩔 수 없는 일이지만, 영양 상태가 좋을 경우에는 저항력이 커지기 때문에 사망력이 감소할 수 있다는 것이다.

계속해서 그는 앞의 가정을 뒷받침하기 위해 1837년 6월 이후의 연령별 사망 원인을 분석했고, 또한 그것을 토대로 다음과 같은 사실을 제시했다. ① 1848~1971년의 사망력 감소에 가장 큰 기여를 한 것

131) T. McKeown and R. G. Brown, "Medical evidence related to population changes in the eighteenth century," *Population studies*, 9 (1955), pp.119~41.

132) Flinn, *British population growth*, p. 40.

은 공기 중에 떠다니는 미생물(air-borne-organism)에 의한 전염병, 특히 폐결핵(tuberculosis)의 감소였으며 ② 그러한 질병은 영양 상태에 많은 영향을 받는다는 것이 바로 그것이다.[133]

그러나 맥큔의 견해가 설득력을 지니는 데는 한계가 있다. 19세기 중반 이전에 유럽에서 감소했거나 사라진 질병으로는 흑사병(plague), 황열병(yellow fever), 말라리아(malaria), 발진티푸스(typhus) 그리고 천연두(smallpox) 등을 들 수 있는데, 그 가운데 발진티푸스만이 영양 상태에 비교적 민감할 뿐이었다.[134] 그렇기 때문에 맥큔이 제시한 질병 감소를 영양 상태의 개선으로 설명하기에는 제약이 있을 수 있다.[135]

그뿐만 아니라 그의 연구는 분석 자료 그 자체에도 한계를 지니고 있었다. 맥큔은 영국에서 출생 및 사망을 공식적으로 신고하게 된 1837년 이후의 것을 바탕으로 사망력 감소의 원인을 설명했다. 그렇기 때문에 그것으로 그 이전 시기의 상황을 설명하는 데는 한계가 있을 수밖에 없었다.[136]

이처럼 약 60년의 논의에도 불구하고 사망력 감소에 관한 정확한 원인이나 그것이 인구 증가에 미친 영향은 제대로 규명될 수 없었다. 바로 그러한 상황에서 가족 재구성법을 바탕으로 추계된 연구 성과에 각별한 관심이 모아질 수 있었다. 그것을 통해 18세기 잉글랜드의 유아 사망력에 심대한 변화가 있었다는 사실이 밝혀졌기 때문이다.

---

133) Thomas McKeown, *The modern rise of population* (London: Edward Arnold, 1976), pp.162~3

134) R. I. Rotberg and T. K. Rabb, *Hunger and history* (Cambridge: Cambridge University Press, 1985), p. 308.

135) 영양 상태와 질병과의 관계에 대한 보나 상세한 연구 성과 및 내용 소개는 John Walter and Roger Schofield, "Famine, disease and crisis mortality in early modern society," in John Walter and Roger Schofield(eds.), *Famine, disease and crisis mortality in early modern society* (Cambridge: Cambridge University Press, 1989), pp. 17~21.

136) Roger Schofield and David Reher, "The decline of mortality in Europe," in R. Schofield, D. Rehr and A. Bideau(eds.), *The decline of mortality in Europe* (Oxford: Oxford University Press, 1991), p. 7.

〈표 II-4〉 18세기 잉글랜드의 유아 사망력(infant mortality) 변화[1]

| 연도 | 유아 사망력 | 연도 | 유아 사망력 |
|---|---|---|---|
| 1675~99 | 185.4 | 1750~74 | 162.8 |
| 1700~24 | 190.7 | 1775~99 | 156.7 |
| 1725~49 | 190.8 | 1800~24 | 136.0 |

1) E. A. Wrigley, "Explaining the rise in marital fertility in England in the 'long' eighteenth century," *Economic history review*, 2nd ser., 51 (1998), p. 439.

<표 Ⅱ-4>가 그것을 잘 나타낸다. 표는 18세기 초에 1,000명당 약 191이었던 유아 사망력이 그 세기 말에 약 140으로 감소했다는 사실을 제시한다. 바로 그와 같은 수치는 인구 변동에 상당한 영향을 미칠 수 있었다. 그것이 약 5%의 조출생률(the crude birth rate)137) 증가를 의미하기 때문이다.

그러면 그와 같은 현상은 어떻게 설명할 수 있을까? 그것을 규명하기 위해서는 18세기 잉글랜드의 내생적(endogenous) 유아 사망력이 현저하게 낮아졌다는 사실에 주목할 필요가 있다. 그것이 1700~24년에서 1800~24년에 84.0 → 41.0으로 감소하여 전체 유아 사망력의 변화를 주도했기 때문이다.138)

내생적 유아 사망력은 선천적 기형, 출생 상해 그리고 질식 등과 같은 요인에 좌우된다. 그렇기 때문에 그것은 출산 때의 유아 상태와 산모의 영양 상태와 밀접한 관련을 지닌다.139) 바로 그 점에서 사망률 감소의 중요한 원인의 한 가지가 설명 가능해질 수 있다. 즉 산모

137) 조출생률은 어떤 특정 연도의 연앙 인구(mid-year population) 1,000명당 1년간의 출생 수를 의미하는 것이다.

138) Wrigley, "Explaining the rise in marital fertility in England," p. 439.

139) P. Rosso and C. Cramoy, "Nutrition and pregnancy," in M. Winick(ed.), *Nutrition: pre-postnatal development* (New York, 1979), pp.133~228.

의 영양 상태가 호전되면서 18세기 잉글랜드의 유아 사망력이 감소했다는 것이다.

그와 같은 사실은 대체로 다음의 두 가지 사실에서 뒷받침될 수 있다. ① 키의 크기와 ② 사산율(the stillbirth rate)의 변화가 바로 그것이다.

18세기 중반 이후 잉글랜드인들의 영양 상태는 그 이전 시기에 비해 개선되는 양상을 보였다. 그것은 키의 변동에서 확인할 수 있다. 키는 유아 및 아동기의 영양 상태를 말해 준다. 그렇기 때문에 징집 자료를 토대로 분석한 18세 남성의 키 변동은 당시 영국 사회의 영양 상태에 분명한 개선이 있었음을 보여준다.[140] 그뿐만 아니라 18세기 말~19세기 초 노르웨이, 스웨덴, 프랑스, 덴마크 그리고 헝가리 사람들보다 영국의 성인 남성의 키가 더 컸다고 확인된다.[141]

물론 키에 관한 최근의 연구는 시기나 대상에 한계가 있다. 그것이 18세기 중반 이후의 남성에 초점을 두었기 때문이다. 따라서 키에 관한 연구가 18세기 잉글랜드의 산모들이 어떠한 영양 상태에 있었는

---

140) 〈1750~1900년 영국의 성인 남성 키 변화〉[1)]

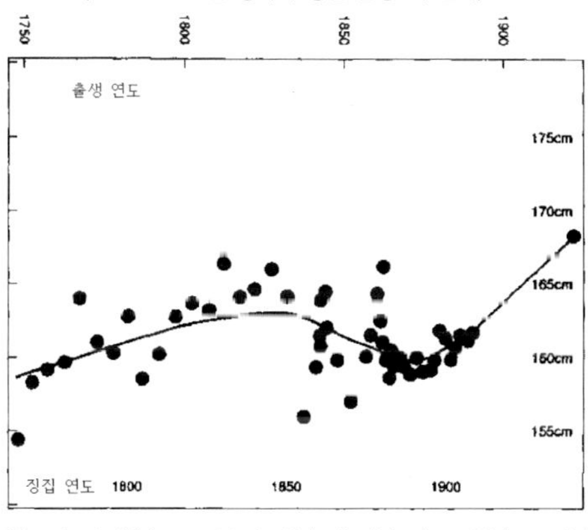


1) R. Floud, "Standrad of living and industrialization," in Anne Digby and Charles Feinstein(eds,), *New directions in economic and social history* (London: Macmillan, 1989), p,127.

가를 직접적으로 뒷받침하는 데는 제약이 있을 수 있다. 그러나 사산율에 관한 자료는 그것을 불식시킨다. 사산은 흔히 '후기 태아 사망'(the late foetal death)으로 간주된다. 그것의 상당수가 저체중의 미숙아였기 때문이다. 미숙아의 출산은 영양 상태와 같은 생활 수준과 밀접한 관련이 있다. 저체중 미숙아의 출산이 오늘날 선진국의 경우 5% 이하인 반면 빈국은 40% 이상이었다는 데서 그것을 알 수 있다.[142] 그렇기 때문에 사산율의 감소가 바로 산모의 영양 상태 개선이라는 추론에는 별다른 무리가 없을 것 같다.

그러면 18세기 잉글랜드의 경우 사산율에는 어떠한 변화가 나타났을까? 역시 자료의 한계로 인해 전체적인 추세는 알 수 없지만, 그것에 중요한 변화가 있었다. 18세기 초에 1,000명당 약 75였던 사산율이 19세기 중반에는 약 40으로 감소했다는 사실이 밝혀졌기 때문이다.[143] 그와 같은 변화는 인구 증가에 영향을 미칠 수 있었다. 그것을 통해 약 3.5%의 출산율 증가가 가능했기 때문이다.

이처럼 최근에 이루어진 역사 인구학의 성과는 사망력의 변화에 관한 새로운 설명을 가능케 한다. 그뿐만 아니라 그것은 종래와 달리

---

141) 〈1750~1875년 유럽 6개국 성인 남성의 평균 키〉[1)]

단위: cm

| 연도 | 영국 | 노르웨이 | 스웨덴 | 프랑스 | 덴마크 | 헝가리 |
|---|---|---|---|---|---|---|
| 1750~1775년 | 165.9 | 163.9 | 168.1 | · | · | 169.1 |
| 1776~1800년 | 167.9 | · | 166.7 | 163.0 | 165.7 | 167.2 |
| 1801~1825년 | 168.0 | · | 166.7 | 164.3 | 165.4 | 166.7 |
| 1826~1850년 | 171.6 | 1 | 168.0 | 165.2 | 166.8 | 166.8 |
| 1851~1875년 | 169.3 | 168.6 | 169.5 | 165.6 | 165.3 | · |

1) R. W. Fogel, *The escape from hunger and premature death, 1700~2100: Europe, America and the third world* (Cambridge: Cambridge University Press, 2004), p.13.

142) Wrigley, "Explaining the rise in marital fertility in England," p. 442.

143) ibid., p. 452.

사망과 출생을 유기적으로 이해할 수 있는 단서를 제공해 주었다. 즉 사망력 감소 그 자체에 한정되지 않고 그것이 전체 출생에 미친 영향을 파악할 수 있게 했다는 것이다.

그러나 그것으로 18세기 잉글랜드의 인구 증가를 구체적으로 설명하는 데는 한계가 있다. 영양 상태의 개선과 사망력 감소와의 상관관계를 밝히는 데 상당한 어려움이 있다는 것도[144] 그와 같은 상황에 설득력을 더해 준다. 실제로 당시 잉글랜드에서는 연평균 1.71%의 인구 증가가 있었다.[145] 그러나 유아 사망력과 사산율의 감소로 인한 인구 증가는 대체로 연평균 0.25%로 추계된다. 이는 전체 인구 증가율의 1/7을 점하는 것이다. 따라서 18세기 잉글랜드의 인구 증가를 설명하기 위해서는 또 다른 요인, 즉 출산력 증가에 주목할 필요가 있다.

1950년대에 접어들면서 사망력 감소론에 비판이 가해지기 시작했다. 『지역 교회의 등록 대장』에 기록된 세례와 장례의 변동을 조사한 결과 출산력 증가가 사망력 감소보다 더 큰 역할을 했다는 경제사가들의 견해가 바로 그것이다. 그러한 설명을 체계적으로 제시한 것으로는 딘(Phyllis Deane)과 코울(W.A. Cole)의 연구를 들 수 있다. 1962년에 출간된 그들의 저서는 인구사에만 국한된 것이 아니라 약 4세기에 걸친 영국의 경제 변동을 체계적으로 수량화한 것이다. 바로 거기서 딘과 코울은 다음과 같은 사실을 제시했다. ① 출산력 증가와 18세기의 산업화(industrialization)는 직접적인 관련이 있으며 ② 사망력 감소는 종래에 흔히 생각되는 것처럼 인구 증가에 중요한 역할은 결

144) Massimo Livi Bacci, *Population and nutrition: an essay on European demographic history* (Cambridge: Cambridge University Press, 1991), pp. 79~111.

145) Wrigley, Davis, Oeppen and Schofield, *English population history from family reconstitution*, pp. 614~5.

코 하지 못했다는 것이 바로 그것이다.[146)]

실제로 18세기 잉글랜드에서는 사망력과는 달리 출산력에 중요한 변동이 있었다. 1670~80년에 1.98이던 총재생산율(gross reproduction rate)은[147)] 1810년대 말에는 2.94로 상승했다.[148)] 그와 같은 사실은 흔히 사용하는 조 출생율의 변동에서도 잘 나타난다. 즉 1670~80년에는 30.7이던 그것이 1810~29년에는 39.6으로 증가했던 것이다.[149)]

출산력이 18세기 잉글랜드의 인구 변동을 주도했다는 사실은 소급 추적법이 제시한 자료에서도 확인 가능하다. 출산력이 일정할 경우 사망력 감소로 일어난 인구 증가는 연평균 0.5%인 반면 사망력이 일정하고 출산력이 증가했을 경우에는 매년 1.25%의 인구 증가가 나타날 수 있다는 추계가 가능하기 때문이다.[150)] 즉 출산력이 사망력보다 인구 증가에 약 2.5배 더 큰 기여를 했다는 것이다.

---

146) Deane and Cole, *British economic growth*, pp. 133~5. 또한 그들은 인구가 급증한 지역의 증가 원인을 규명하기 위해 그들 지역의 인구의 자연 증가와 전입(immigration)을 조사했다. 그 결과 딘과 코울은 인구의 자연 증가가 그것을 주도했다는 사실을 제시할 수 있었다.

147) 총재생산율이란 특정 연도의 연령별 출산율이 지속되는 경우 한 명의 부인이 가임 기간 동안 출산하게 될 딸의 평균 수를 말한다.

148) Wrigley and Schofield, *The population history of England*, pp. 528~9.

149) *ibid.*, p.528.

150) Wrigley, "The growth of population in eighteenth-century England," p.131.

# Ⅲ. 저압 체제의 형성과 유지

18세기 잉글랜드의 인구 증가는 출산력의 변동에 많은 영향을 받았다. 한마디로 당시 잉글랜드의 인구 변동은 맬서스가 말하는 적극적 억제, 즉 사망력에 의해 조절되는 체제는 아니었다. 오히려 일종의 예방적 억제, 즉 출산력의 변동에 좌우되었기 때문이다.

출산은 혼인과 밀접한 관계를 맺는다. 그렇기 때문에 18세기 잉글랜드의 인구 변동은 당시 혼인 양상과 직·간접적으로 연계될 수밖에 없다. 그와 관련하여 역사 인구학의 성과는 당시 잉글랜드의 남녀는 대체로 인구학에서 흔히 만혼이라 말하는 24세 이후에 혼인을 했다는 사실을 보여준다. 그러한 양상은 당시 잉글랜드의 혼인이 사회·경제적 상황에 의해 연기되고 있었음을 시사한다. 그럴 경우 18세기 잉글랜드에 나타난 인구 변동의 구조는 자원과 현재의 경제적 여건 사이의 균형에 의해 유지되는 '저압 체제'(the low-pressure system)라[151] 하여도 좋을 것 같다. 그렇다면 18세기 잉글랜드의 출산력 증가는 어떻게 설명할 수 있을까? 당시 혼인과는 어떠한 관련이 있었을까? 과

151) *ibid.*, p. 473.

연 저압 체제는 어떻게 형성·유지되었을까?

## 1. 저압 체제의 형성

### (1) 부부 중심의 핵가족 사회: 혼인은 곧 경제적 독립

한 사회 성원의 혼인 시기나 배우자 선택은 가족 형태와 밀접한 관계가 있을 수 있다. 그렇다면 18세기 잉글랜드의 가족은 어떠한 모습을 보였을까? 그와 관련하여 1960년대 초반까지 이른바 '선 산업 사회 확대 가족설'이 지배적인 견해로 수용되고 있었다. 19세기 중반 이후 제기된 진화론적 가족설과 르 플레(Pierre G.F. Le Play)의 직계 가족(the stem family) 이론 그리고 이들 관점에서 영향을 받은 근대화론적·구조기능주의적 해석 등이 그것이다. 그러한 설명들은 산업화를 계기로 핵가족이 가족 형태의 주류가 되었다는 점에서 서로 일치했다.[152)]

그러나 확대 가족이 '서양이 동경하는 전통 가족'(the classical family of Western nostalgia)이라는[153)] 견해는 1960년대 초반 이후 수정되기 시작했다. 그 과정에 라슬레의 업적을 특기할 만하다. 사실 그도 1950년대 말까지는 선 산업 사회 확대 가족설을 믿고 있었다.[154)]

---

152) Peter Laslett, "Intorduction," in Peter Laslett and Richard Wall(eds.), *Household and family in past time* (Cambridge: Cambridge University Press, 1972), pp. 4~10; 조은, "역사적 형태로서의 가족과 계급-서구 가족사 연구 쟁점의 재조명," 한국사회사연구회(편), 『한국 사회의 여성과 가족』(서울: 문학과 지성사, 1990), pp.16~7. 파슨즈(T. Parsons)와 구드(W. Goode)로 대표되는 근대화론적·구조기능주의적 가족 이론에 대해서는 김흥주, "가족사 연구의 동향과 이론적 쟁점," 한국사회사연구회(편), 『가족과 법제의 사회사』(서울: 문학과 지성사, 1995), pp.186~90 참조.

153) W. Goode, *World revolution and family* (New York: The Free Press, 1963), p. 6.

154) 라슬레는 1954년에 정치 이론사를 담당하면서 케임브리지에서의 생활을 시작했다. 또한 그는 당시로서

그러나 라슬레는 1959년 가을, 워싱턴(Washington)의 폴거 셰익스피어 도서관(Folger Shakespeare Library)에서 우연히 1911년에 그릴(H. Grill)과 길포드(E. L. Guilford)가 편집한 『노팅엄셔 클레이워스 지역 목사의 실태 조사서』(*The rector's book of Clayworth, Nottinghamshire*)를 접한 후 자신의 견해를 수정하지 않을 수 없었다. 1676년 3월 27일~1701년 3월 8일까지 샘슨(William Sampson)이 작성한 거주자 실태 조사의 내용이 이전까지 필머경(Sir Robert Filmer)의 저작과 같은 개인의 저술에 바탕을 둔 그의 연구와는 상반되었기 때문이었다.[155]

그 후 4년이 지난 1963년, 라슬레는 해리슨(J. Harrison)과 함께 1676년과 1688년의 클레이워스의 『거주자 명부』와 노샘프턴(Northampton)에 인접한 쿡노에(Cogenhoe)의 1618~28년 『거주자 명부』를 분석한 결과를 발표했다.[156] ① 당시 클레이워스에서는 핵가족이 전체의 약 80%를 차지했으며 ② 클레이워스와 쿡노에에서는 약 10년 사이에 전체 거주자의 반 이상(클레이워스: 약 62%, 쿡노에: 약 52%)이 주로 인구의 전입과 전출로 교체되었다는 사실 등이 바로 그것이다.

바로 그러한 연구 성과를 토대로 라슬레는 1965년, 그의 대표적인 저서인 『우리가 잃어버린 세계』를 출간했다. 1959년에 새로운 자료가

---

는 파격적이라 할 수 있는 잉글랜드의 사회 구조사에 관한 일련의 강연을 했는데, 그 일부가 1950년대 말에 "우리가 잃어버린 세계"(The world we have lost)라는 이름으로 BBC의 라디오 방송을 통해 전해졌다. 당시 라슬레는 그가 1960년대 중반에 제시한 선 산업 사회 핵가족설과는 상반되는 내용, 즉 근세 잉글랜드에서는 여러 세대가 함께 기거하는 확대 가족이 보편적이었다고 수상했다; Laslett, *The world we have lost*, p. vii; Lloyd Bonfield, Richard M. Smith and Keith Wrightson, "Preface," in Bonfield, Smith and Wrightson(eds.), *The world we have gained*, p. ix.

155) Laslett, *The world we have lost*, p. vii

156) Peter Laslett and John Harrison, "Clayworth and Cogenhoe," in H. E. Bell and R.L. Ollard(eds.), *Historical essays presented to David Ogg* (London, 1963), pp.157~84. 이 논문은 라슬레에 의해 수정 · 보완되어 그의 저서에 수록되었다; Peter Laslett, *Family life and illicit love in earlier generations: essays in historical sociology* (London, Cambridge University Press, reprinted with corrections, 1980(1977)), pp.50~101,

발견됨에 따라 작업이 중단된 후 6년 만의 일이었다. 거기서 그는 산업화 이전 시기 잉글랜드에서는 핵가족이 보편적인 가족 형태였으며, 그 사회를 젠트리(gentry)가 이끌어 가는 '단일 계급 사회'였다고 주장했다.157)

〈표 Ⅲ-1〉 1574~1821년 잉글랜드의 가구 구성[1)]

| 세 대 | % | 성 원 | % |
|---|---|---|---|
| 1대 가구 | 25.1 | 1~3명 | 36.3 |
| 2대 가구 | 69.2 | 4~5명 | 30.5 |
| 3대 가구 | 6.7 | 6명 이상 | 33.2 |

1) Peter Laslett, "Mean household size in England since the sixteenth century," in Peter Laslett and Richard Wall (eds.), *Household and family in past time* (Cambridge: Cambridge University Press, 1972), pp.136, 149를 바탕으로 재작성.

그 뒤 라슬레는 조사 대상을 확대하여 최소한 16세기 이후부터 핵가족이 잉글랜드의 보편적인 가족 형태라는 사실을 다시 확인했다. 그는 1969년에 케임브리지에서 열린 가구 구조에 관한 국제 학술회의에서 100개 개별 교회의 영역에 나타나는 『거주자 명부』를 분석한 결과를 발표했다. 당시 라슬레는 <표 Ⅲ-1>에 나타나는 것처럼 1574~1821년에 잉글랜드의 한 가구당 평균 성원은 4.75명으로 거의 대부분이 부모와 자녀로 구성된 핵가족이었다는 사실을 제시했다.

라슬레에 의해 제기된 선 산업 사회 핵가족설은 후속 연구를 자극했다. 그 결과 선 산업 시기 잉글랜드 사회의 지배적 가족 형태가 핵가족이었다는 설명은 설득력을 더 하게 되었다.158) 물론 그의 성과에

157) 라슬레의 『우리가 잃어버린 세계』는 학문적인 뒷받침이 부족하다는 이유로 재직하고 있던 케임브리지의 트뤼니티 칼리지(Trinity college) 도서관에서는 한동안 증여본조차도 받지 않았다; C. D. Roger and J. H. Smith, *Local family history in England* (Manchester: Manchester University Press, 1991), p.82.

158) A. McaFarlane, *The family life of Ralph Josselin: a seventeenth-century clergyman* (Cambridge: Cambridge University Press, 1970); Edward Shorter, *The making of the modern family*; Lawrence Stone, *The family, sex and marriage in England 1500~1800* (New York: Harper & Row, 1977);

도 문제는 있었다. 라슬레의 연구에서 가족의 구성 변화를 제대로 확인하기가 어렵기 때문이다. 실제로 최근 가족사 연구의 추세는 가족 형태에 관한 새로운 문제를 제기하고 있다.159) 사실, 가족의 크기와 구성은 수시로 변동될 수 있다. 그렇기 때문에 조사 당시의 외형만으로는 가족의 형태 변화를 제대로 파악할 수 없다는 의문이 제기될 수 있다. 바꾸어 말하면 가족의 크기나 구성이 항상 '고정 불변'의 것이 아니라, 가족 성원 각자가 지니는 삶의 과정에 따라 바뀔 수 있다는 것이다.160)

〈표 Ⅲ-2〉 1650~1821년 잉글랜드의 가구 구성(%)1)

| 가구주와의 관계 | 1650~1749년 | 1750~1821년 |
|---|---|---|
| 가장 | 22.5 | 20.8 |
| 배우자 | 14.3 | 15.6 |
| 자녀 | 39.9 | 43.4 |
| 친족 | 3.6 | 4.6 |
| 서번트 | 13.8 | 10.7 |
| 세입자 | 5.8 | 4.9 |
| 총계 | 99.9 | 100 |

1) Richard Wall, "The household, demographic and economic change in England, 1650~1970," in Richard Wall, Jean Robin and Peter Laslett(eds.), *Family forms in historic Europe* (Cambridge: Cambridge University Press, 1983), p. 498.

---

Keith Wrightoon, *English society 1580~1680* (London; Unwin Hyman Ltd., 6th impression, 1990(1982)), pp. 44~5; R. Houlbrooke, *The English family, 1450~1750* (London: Longman, 1984); Naomi Tadmor, "The concept of the household-family in eighteenth-century England," *Past and present*, 151 (1996), p. 111.

159) 조은, "한말 서울의 가족 구조-'전산업 사회 핵가족설'에 대한 재검토," 한국사회사연구회(편), 『한국 근현대 가족의 재조명』(서울: 문학과 지성사, 1993), p. 14.

160) Rosemary O'Day, *The family and family relationships, 1500~1900: England, France and the United State of America* (Basingstoke: Macmillan, 1994), p. 13; 金福禮, "1980년대 가족사 연구동향에 대한 소고," 『漢城史學』 第八輯 (1996), p. 225.

그러면 18세기 잉글랜드의 가족 구성은 어떠한 양상을 보였을까? <표 Ⅲ-2>는 18세기 전후 잉글랜드의 가구원과 호주와의 관계를 나타낸 것이다. 케임브리지 그룹에서 분석한 『거주자 명부』의 결과가 제시된 표는 당시 잉글랜드의 가족 혹은 가구 구성에 대체로 다음과 같은 심대한 변화가 있었음을 제시한다. ① 자녀와 동거 친족의 증가와 ② 입주 고용 인력이었던 서번트(servants)의 비중 감소 등이 바로 그것이다.

먼저, 자녀와 동거 친족의 증가에 대해서이다. <표 Ⅲ-2>는 그러한 사실을 분명히 보여준다. 1650~1749년에 전체의 43.5%를 차지했던 자녀와 동거 친족의 비중이 1750~1821년에 48%를 차지했기 때문이다. ① 1650~1749년 잉글랜드의 가구에서 동거한 친족 가운데 손자의 비중이 27%를 점한 반면 ② 1750~1821년의 경우 그것이 38%로 증가했다는 사실[161] 또한 <표 Ⅲ-2>의 내용을 더욱 뒷받침한다.

당시 나타난 자녀와 동거 친족의 증가는 혼인력(nuptiality)과 밀접한 관련이 있었다. 혼인 연령의 저하와 독신율의 감소는 당장에는 출산력 증가를[162] 야기했을 뿐만 아니라 인구의 연령 구조를 보다 젊게 할 수 있었다.[163] 바로 그 점을 주목할 필요가 있다. 혼인 연령이 낮아지면서 그 이전 시기에 비해 출산이 앞당겨짐에 따라 자녀와 친족의 수가 늘어날 수 있기 때문이다.

<표 Ⅲ-3>이 그것을 잘 나타낸다. 표는 18세기 잉글랜드의 인구 동

---

161) Wall, "The household, demographic and economic change," in Wall, Robin and Laslett(eds.), *Family forms in historic Europe*, p. 500.

162) 18세기 잉글랜드의 경우 여성의 혼인 연령이 1세 정도 낮아지게 되면 출산력은 약 7% 증가했다; Houston, *The population history of Britain and Ireland*, p. 36.

163) Wrigley and Schofield, *The population history of England*, pp. 216, 267.

태에 관한 한 가지 중요한 사실을 보여준다. 시간이 흐를수록 출산력과 평균 수명 모두가 개선되었을 뿐만 아니라 젊은 연령의 비중도 증가했던 것이 바로 그것이다. 이는 당시 상황, 즉 자녀와 동거 친족의 증가를 가늠할 수 있는 한 가지 단서로 여겨질 수 있다.

〈표 Ⅲ-3〉 1651~1821년 잉글랜드의 출산력 및 사망력 변화와 5~24세의 인구 변동[1)]

| 내용 / 연도 | 총재생산율 | 평균 수명(세) | 5~14세의 인구(%) | 15~24세의 인구(%) |
|---|---|---|---|---|
| 1651~71 | 2.131 | 34.17 | 19.04 | 18.27 |
| 1676~96 | 2.217 | 33.53 | 18.37 | 16.75 |
| 1701~21 | 2.278 | 35.11 | 19.95 | 17.53 |
| 1726~46 | 2.418 | 33.80 | 20.18 | 17.56 |
| 1751~71 | 2.680 | 36.30 | 20.60 | 17.89 |
| 1776~91 | 2.900 | 37.04 | 21.53 | 17.82 |
| 1796~1821 | 2.642 | 37.67 | 22.71 | 18.14 |

1) Wrigley and Schofield, *The population history of England*, pp. 528~9에서 재작성.

그뿐만 아니라 <표 Ⅲ-3>과 관련하여 컴퓨터 마이크로시뮬레이션의 분석 결과는 한 가지 중요한 사실을 제시한다. 한정된 사료의 제약을 극복하거나 이미 추계된 결과들의 타당성 등을 검토하기 위해 고안·적용된 그것의 결과는 18세기 잉글랜드에서 한 개인이 가질 수 있는 친족 수가 그 이전 시기에 비해 증가했음을 분명히 한다.[164)] 20대 초의 남성이 가질 수 있는 사촌의 수가 16세기 잉글랜드의 경우 약 15명, 17세기에는 약 11명 그리고 18세기에는 약 17명으로 추정되기 때문이다.[165)]

164) 각주 114) 참조.

이처럼 18세기 잉글랜드의 경우 자녀와 친족의 증가라는 가족 구성의 변화를 경험하고 있었다. 그것은 가족 규모의 확대로 이어질 수 있었다. ① 산업 혁명 시기에 오히려 확대 가족이 증가했다는 실증적인 연구나[166] ② 컴퓨터 마이크로시뮬레이션의 결과[167] 등을 통해 가족 구성이 시기에 따라 다르게 나타날 수 있다는 사실이 제기된 것을 그 예로 들 수 있을 것이다. 가족 형태의 변화를 시사하는 그러한 연구 성과가 타당성을 지닐 경우 기존의 가족사 연구는 당연히 다시 검토되어야 한다. 그뿐만 아니라 1960년대 중반 이후 자리 잡기 시작한 선 산업 사회 핵가족설에 대한 의문도 당연히 제기될 수 있다. 과연 그랬을까?

물론 산업 혁명 시기 잉글랜드의 경우 3대가 한 가정에 함께 있을 가능성은 그 이전 시기보다 높았다. 그러한 사실은 일부 확인 가능하다. 1851년의 내용이 담긴 프레스턴(Preston) 지역의『거주자 명부』를 분석한 앤더슨(Michael Anderson)의 연구가 바로 그것이다. 그의 실태 조사는 대체로 다음과 같이 요약할 수 있다. ① 프레스턴의 평균 가구원은 5.5명으로 라슬레가 제시한 4.75명을 상회했으며 ② 2대 이상의 동거가 76%인 라슬레의 경우와 달리 84%로 나타났다는 것이 바로 그것이다.[168]

---

165) Smith and Oeppen, "Estimating numbers of kin in historical England," in Reher and Schofield(eds.), *Old and new methods in historical demography*, p. 296.

166) Michael Anderson, "Household structure and the industrial revolution; mid-nineteenth-century Preston in comparative perspective," in Peter Laslett and Richard Wall(eds.), *Household and family in past time* (Cambridge: Cambridge University Press, 1972), pp. 215~36.

167) 러글스(Steven Ruggles)는 컴퓨터 마이크로시뮬레이션을 개인별로 적용하여 19세기에는 직계 가족이 주류라는 견해를 피력했다; Steven Ruggles, *Prolonged connections: the rise of the extened family in nineteenth-century England and America* (Madison: University of Wisconsin Press, 1987). 이에 대해 스미스(James E. Smith)는 러글스의 방법이 개인별로 진행되어 당시 직계 가족이 과대 평가되었다는 비판을 제기했다; James E. Smith, "Method and confusion in the study of household," *Historical method*, 22 (1989), p. 58.

168) Anderson, "Household structure and the industrial revolution," in Laslett and Wall(eds.), *Household*

그러나 앤더슨이 제시한 사례를 정확하게 이해하기 위해서는 그 지역의 당시 사정을 검토할 필요가 있다. 프레스턴은 산업 혁명 시기 랭커셔(Lancashire)의 면 공업 지역으로 성인 남성의 약 25~33%가 공장과 직접적인 관련을 맺고 있었다. 그뿐만 아니라 아동 고용이 활발한 당시 상황에서 그 지역 성원의 상당수는 일생에 한 번쯤은 면 공업에 종사한 경험을 지니고 있었다.[169] 이에 반해 경제적 여건은 그리 좋은 편은 아니었다. 저임에 비교적 비싼 주택 비용을 지불해야만 했다. 1851년에 프레스턴의 주택 가운데 둘 혹은 그 이상의 가구로 구성된 경우가 약 10%인 반면 주변 농업 지역의 경우 약 2%였다는 사실이[170] 그것을 잘 나타낸다.

이처럼 프레스턴의 사례는 당시 인구 동태와 지역적 특수성의 상승효과가 결합된 결과로 여겨질 수 있다. 바꾸어 말하면 어려운 경제 사정으로 인해 결혼한 자녀와 부모와의 동거가 늘어났던 것이다.[171] 한마디로 앤더슨이 제시한 사례는 18세기 잉글랜드에서 확대 가족이 보편적 가족 형태라는 것을 의미하지는 않는다. 시기적으로나 지역적으로 제약이 있기 때문이다. 산업 혁명의 결과를 뚜렷하게 확인할 수 있는 19세기 중반의 상황을 복원한 것일 뿐만 아니라 다분히 그 지역의 특수성이 반영된 결과였기 때문이다.

18세기 잉글랜드의 보편적 가구 구성은 여러 세대가 함께 기거하는 형태는 아니었다. 물론 그러한 가족도 존재했다. 실제로 『거주자

*and family in past time*, pp. 219, 235.

169) ibid., p. 215.

170) ibid., p. 218.

171) 1851년에 프레스턴의 노인 가운데 자녀가 살아있는 경우 80% 이상이 한명 혹은 그 이상이 그들의 자녀와 거주하고 있었다; ibid., p. 224.

명부』를 통해 분석된 복합 가족(the complex family)은 약간의 편차는 있지만 거의 대부분의 계층에서 발견된다. 그러나 복합 가족은 주류는 아니었다. <표 Ⅲ-4>가 그것을 잘 나타낸다. 표는 1750~1821년 잉글랜드에서 상층의 젠트리로부터 하층의 빈민(pauper)에 이르기까지 복합 가족이 약 13% 내외의 비중을 차지했음을 보여준다. 다시 말하면 핵가족이 18세기 잉글랜드의 보편적인 가족 형태였던 것이다.

〈표 Ⅲ-4〉 18세기 중반~19세기 중반의 직업별 복합 가구 구성[1)]

| 가구주의 직업군 | 1750~1821년 | | 1851년 | |
|---|---|---|---|---|
| | 가구 수 | 복합 가구(%) | 가구 수 | 복합가구 (%) |
| 젠트리와 성직자 | 40 | 10.0 | 108 | 15.8 |
| 요먼리와 차지농 | 185 | 18.4 | 298 | 24.8 |
| 중간 규모의 농업 경영자 | 137 | 17.5 | 43 | 9.3 |
| 상공업자 | 395 | 12.1 | 478 | 16.3 |
| 노동자 | 415 | 10.4 | 854 | 16.6 |
| 빈민 | 18 | 11.2 | 56 | 17.9 |
| 과부(특정한 직업 없음) | 116 | 10.3 | 63 | 26.9 |
| 불명 | 64 | 14.0 | 64 | 12.5 |
| 계 | 1,370 | 12.9 | 1,964 | 17.8 |

1) Wall, "The household, demographic and economic change," in Wall, Robin and Laslett(eds.), *Family forms in historic Europe*, p. 509.

한편 부부 중심의 핵가족은 혼인 양태와도 밀접한 관련이 있을 수 있다. 그렇다면 18세기 잉글랜드의 경우 혼인은 어떻게 이루어졌을까? 그와 관련하여 1965년, 헤이날(John Hajnal)이 제시한 북서 유럽의 혼인 양태에 관한 획기적인 연구 성과에 주목할 필요가 있다.[172)] ①

172) John Hajnal, "European marriage patterns in perspective," in D. V. Glass and D. E. C. Eversley(eds.), *Population in history* (Surrey: Edward Arnold, repr., 1974(1965)), pp.101~43.

정확한 시기는 알 수 없지만 16세기 이후 북서 유럽에서는 만혼, 특히 여성의 경우 대체로 24세 이후에 혼인을 하고 ② 상당수가 독신으로 지냈다는 것이 바로 그것이다. 핵가족의 보편적 존재에서 그러한 양태가 나타났다는 것을 분명히 하지는 않았지만, 헤이날의 성과는 독립된 가정을 이룰 수 있는 경제적 기반이 마련되어야 혼인이 가능했다는 설명을 제기함으로써 혼인 양태와 가족 형태에 관한 후속 연구를 자극했다.

이미 언급한 바와 같이 역사 인구학의 성과는 18세기 잉글랜드의 경우 남녀가 대체로 24세 이후에 혼인했고 부부의 연령 차이가 그리 크지 않았다는 사실을 제시한다. 대체로 1.5세 내외의 차이가 있었다.[173] 또한 18세기 중반 이후 감소했지만 15%라는 상당히 높은 독신율이 18세기 초에 나타났다.[174]

그와 같은 사실이 잉글랜드에 미친 사회적 영향은 높이 평가되기도 했다. 그것이 잉글랜드가 유럽의 여타 지역과 구별되는 발전을 이룩하는 데 기여했다는 것이다. 즉 만혼과 독신이 가져온 낮은 출산력이 자본 축적을 가능케 했으며, 그것이 경제 발전에 있어서 '이륙'(take-off), 다시 말하면 산업 혁명을 야기했다는 것이다[175]

173) 〈17~18세기 잉글랜드의 부부 연령 차이〉[1)]

| 연 도 | 1600~40 | 1650~99 | 1700~49 | 1750~99 |
|---|---|---|---|---|
| 연령 차이 | 2.0 | 1.3 | 1.3 | 1.5 |

1) Anne Laurence, *Women in England 1500~1760: a social history* (New York: St. Martin's Press, 1994), p. 32.

174) Wrigley and Schofield, *The population history of England*, p. 263.

175) Stone, *The family, sex and marriage*, pp. 53~4; E. A. Wrigley, "Reflections on the history of the family," *Dadalus*, Spring (1977), pp. 71~85. 물론 잉글랜드의 특이한 혼인 양태가 처음으로 대규모 산업 생산과 도시 성장으로 이어졌다는 주장에는 이론의 여지가 있을 수도 있다.

한편, 당시 잉글랜드의 혼인에는 또 다른 특성이 있었다. 배우자를 선택함에 있어서 당사자의 의사가 존중되었다는 사실이 바로 그것이다. 즉 남녀의 '사랑'이 혼인의 바탕을 이루고 있었던 것이다. 당시 외국인의 목격담이 그러한 사실을 확인할 수 있게 한다.

먼저, 몽테스키외의 언급을 들 수 있다. 그는 잉글랜드의 차별성을 다음과 같이 나타냈다. '나는 유럽의 나머지 국가들과는 전혀 다른 국가에 와 있다'는 것이 바로 그것이다.[176] 그러면서 몽테스키외는 '프랑스와 달리 법적으로 부모의 동의 없이도 혼인이 가능하기 때문에 흔히 잉글랜드의 여성들은 그들의 부모와 상의 없이 자신의 기호에 따라 혼인을 한다'는 사실은 제시했다.[177]

한편 1784년, 잉글랜드를 여행하면서 당시 혼인을 목격한 프랑스인은 다음과 같은 기록을 남겼다.

> 잉글랜드에서는 호감을 가질 수 없는 아내를 가진다는 것은 불행을 초래하는 것이다. 따라서 잉글랜드의 남자들은 그가 혼인할 여자를 알기 위해 많은 노력을 한다. 여자들도 마찬가지이다.[178]

이처럼 18세기 잉글랜드의 경우 대체로 배우자의 선택은 부모에 의해서 좌우되는 것이 아니라 혼인 당사자의 선택에 의해 이루어졌다.[179]

---

176) Alan Macfarlane, *marriage and love in England 1300~1840* (Oxford: Basil Blackwell, 1986(1987)), p. 338.

177) Montesquie, *De l'esprit des lois*, 申相楚(譯), 『法의 精神』, p. 368

178) F. La Rochefoucald, *A Frenchman in England in 1784: being the mélanges sur l'agleterre of François de la Rouchefoucauld*, translated with notes. S. C. Roberts (London: Caliban Books, 1995), p. 48.

179) 실제로 잉글랜드의 경우 부모보다 당사자의 동의가 결정적이었던 혼인은 18세기 이전에도 찾아 볼 수 있다. 1175년의 웨스트민스터 공의회(the council of Westminster)에서 결정된 것, 즉 '동의 없이 혼인은 있을 수 없다'(where there is no consent, there is no marriage)라는 말은 이전부터 인정되는 현실을 다시 확인하는 것이다; Christopher N. L. Brooke, "Marriage and society in the central middle ages,"

나아가 그러한 사실은 당시 사회가 자본주의적(capitalistic)이었다는 것을 시사한다. 그것은 만혼이 나타나는 배경을 통해 설명, 가능하다.

상위 계층의 경우 혼인은 가문의 경제적 이익이나 정치적 결합 관계의 획득 수단으로 부모·친족들의 정략적 주선에 의해 결정될 수도 있었다. 또한 부모의 결정에 의해 배우자가 선택되는 경우는 더 이상 분할할 수 없는 소규모의 토지를 바탕으로 생활이 이루어지는 소농 사회(peasant society)에서도 찾아볼 수 있다. 그 사회에서는 시장 경제가 발달하지 못했기 때문에 자녀들은 성인이 되어서도 그들의 노동력으로 살아갈 수 없었다. 그 결과 자녀들은 별다른 대안 없이 부모의 집에 머물면서 부모의 통제 아래에서 생활할 수밖에 없었다. 그러한 여건이 부모로부터 재산을 물려받기 이전의 혼인을 여의치 못하게 했고, 만혼을 불가피하게 했던 것이다.[180)]

그러나 만혼은 시장 경제가 발달하지 못한 지역에 한정되는 것은 결코 아니다. 오히려 자본주의적 농업 경영이 이루어지는 사회에서도 그러한 현상이 나타날 수 있다. 그와 관련하여 다음의 목격담이 시사적이다.

> 잉글랜드의 남녀는 마음에 드는 배우자를 선택하려고 한다. …… (그 이유는) 혼인 후 즉시 가정을 꾸려가야 한다는 것이다. 젊은 부부는 결코 그들의 부모와 함께 있을 수 없었다. 그래서 그들은 생

---

in R. B. Outwaite(ed.), *Marriage and society: studies of the social history of marriage* (London: Europa, 1981) p. 28. 배우자의 선택이 가족이 아닌 당사자 사이의 애정이 중요시되었다는 사실을 이후 여러 연구에서 확인되었다; M. Sheehan, "The formation and stability of marriage in fourteenth century England: evidence of an Ely register," *Medieval studies*, 33(1971), p. 263, Martin Anagram, "Spousals litigation in the English ecclesiastical courts, c. 1350~1640," in R. B. Outwaite(ed.), *Marriage and society: studies of the social history of marriage* (London: Europa, 1981) pp. 35~57, Wrightson, *English society 1580~1680*, p.103, Holbrook, *The English family*, p. 253.

180) E. A. Wrigley, "Historic demography and economy," *Annales de démographie historique* (1993) 375,

> 활이나 지출에 있어서 어리석은 낭비를 지양할 수 있는 어떤 방법을 터득해야 할 필요가 있었다.[181]

한 프랑스인이 남긴 1784년의 언급은 잉글랜드인들이 혼인 후 그들 부모의 집에 기거하지 않고 독립하여 새로운 가정을 만든다는 것을 보여준다. 그의 목격은 잉글랜드의 청년이 혼인을 위한 경제적 준비를 스스로 해야 한다는 것을 분명히 한다. 여기서 18세기 잉글랜드의 농업 사회에 지주, 차지농 그리고 노동자의 3층 구조가 형성된 것과 자본주의적 차지농이 노동자에게 주어지는 임금보다 더 적은 가치를 생산할 경우, 그들의 고용은 결코 가치가 있는 것이 아니라고 한 맬서스의 언급에 주목할 필요가 있다. 그것을 통해 당시 잉글랜드의 경우 농업에서의 고용이 보편적으로 이루어지고 있었음은 물론 만혼이 불가피했음을 알 수 있기 때문이다. 다시 말하면 부모로부터 물려받을 것이라고는 거의 없는 영세한 농민의 자녀들은 혼인에 필요한 경제적 바탕을 고용 생활을 통해 스스로 마련할 필요가 있었다는 것이다.[182] 바로 그러한 이유에서 만혼과 당사자의 생각이 배우자의 선택을 좌우했던 것이다.

### (2) 혼인력과 인구 변동

18세기 잉글랜드의 인구 증가는 대체로 출산력의 변동에 좌우되었다. 또한 출산과 직접적인 관계가 있는 혼인은 당사자의 선택과 기반

---

181) Rochefoucald, *A Frenchman in England in 1784*, p. 124.

182) Stone, *The family, sex and marriage*, p. 655.

마련을 전제로 했다. 바로 그러한 상황은 인구 증가와 연계될 수 있었다. 혼인을 위한 준비가 여의치 않을 경우 출산 자체가 연기 혹은 불가능할 수 있기 때문이다. 그렇다면 18세기 잉글랜드의 혼인과 출산은 어떠한 변동을 보였을까?

그것을 규명하기 위해서는 당시 잉글랜드에서 혼인 출산력(marital fertility)에는 거의 변화가 없었다는 사실을 고려할 필요가 있다. <표 Ⅲ-5>는 역사 인구학의 미시적 접근 방법인 가족 재구성법을 12개 지역 교회의 영역에 적용한 결과이다. 표는 1650～1799년의 혼인 출산력 변동을 5세 단위로 구분하여 나타낸 것이다. <표 Ⅲ-5>에서 가장 두드러지는 특징은 시기에 따른 혼인 출산력의 변동이 거의 없었다는 것이다.

〈표 Ⅲ-5〉 1650～1799년의 연령별 혼인 출생[1)]

(기혼 여성 1,000명당 출생 수)

| 연령 / 연도 | 20～4 | 25～9 | 30～4 | 35～9 | 40～4 |
|---|---|---|---|---|---|
| 1650~99년 | 376 | 347 | 295 | 241 | 125 |
| 1700~49년 | 382 | 352 | 287 | 224 | 108 |
| 1750~99년 | 411 | 338 | 283 | 234 | 118 |

1) E. A. Wrigley, "Marriage, fertility and population growth in eighteenth-century England," in R. B. Outhwaite(ed.), *Marriage and society: studies in the social history of marriage* (London: Europa, 1981), p.145.

그러한 사실은 후속 연구에서도 확인·가능하다. 13곳의『지역 교회의 등록 대장』을 가족 재구성법으로 분석한 결과가 그것을 뒷받침한다. 1600～1799년의 혼인 출산력은 대체로 1% 내외로 지역 교회의 영역별로 비슷한 변화를 나타내기 때문이다.[183)] 한마디로 혼인 출산력의 경우 시기와 지역에 따른 차이가 거의 없었다는 것이다. 이는 당시 잉글랜드의 경우 산아 제한이 특별히 행해지지 않은 자연 출산력(natural fertility) 상태에 있었다는 것을 시사하는 것이다.[184)]

그러나 18세기 잉글랜드의 경우 자연 출산력은 비교적 낮은 편이었다. 생물학적으로 가능한 최대 출산 수는 여성 1명당 약 11명으로 추산하고 있다. 그러나 당시 잉글랜드에 나타난 여성의 평균 출산 수는 생물학적 최대치의 1/2 이하였다.[185)] 즉 근대적 피임 방법이 행해지기 이전의 출산력은 생물학적 최대치를 나타낼 것이라는 추측은 18세기 잉글랜드에는 해당되지 않았던 것이다.

그러면 그러한 출산이 나타난 원인은 무엇일까? 여기서 고려할 만한 사실은 산모의 수유(breast-feeding) 기간에는 대체로 임신이 잘 되지 않는다는 것이다. 비록 대상 시기는 제한되지만 16개 지역 교회의 영역에서 조사된 1550~1749년의 출산 터울이 그것을 구체적으로 보여 준다. ① 첫 번째 아이의 출산은 대체로 혼인 후 19개월이 지난 이후에 이루어졌고 ② 그 이후의 출산은 약 31개월의 간격을 두고 나타났던 것이 바로 그것이다.[186)]

한편 대부분의 출생은 혼인을 통해 이루어진다. 그러나 경우에 따라서는 혼전이나 배우자가 사망한 이후에도 출생이 이루어질 수 있다. 그러한 혼외 출생은 사회적 상황과 개인의 애정 관계의 한 단면을 파악할 수 있기 때문에 많은 시선을 모으고 있다.[187)]

---

183) Wrigley and Schofield, "English population history from family reconstitution," p.169.

184) Christoper Wilson, "Natural fertility in pre-industrial England, 1600~1799," *Population studies*, 38 (1984), pp. 225~40.

185) Lee and Schofield, "British population in the eighteenth century," in Floud and McCloskey(eds.), *The economic history of Britain since 1700*, vol. 1, p. 26.

186) Houston, *The population history of Britain and Ireland*, p. 40.

187) 그와 같은 문제를 다룬 대표적인 연구 성과로는 Peter Laslett, Kara Oosterveen and Richard Smith(eds.),

잉글랜드의 경우 그러한 출생은 비교적 쉽게 확인할 수 있다. 『지역 교회의 등록 대장』이 그 단서를 제공해 준다. 출생 기록에 그들이 혼외 출생으로 태어났다는 형용사가 제시되어 있기 때문이다.[188] 사실, 18세기 잉글랜드에 있어서 혼외 출생이 전체 출생에서 차지하는 정도는 미약하다고 볼 수 있다. 비중이 18세기 초에는 2% 정도 그리고 18세기 말에는 6% 정도로 혼외 출생이 전체 출생의 1/10에 못 미치는 수준이었다.

이처럼 18세기 잉글랜드의 혼인 출산력이나 혼외 출산은 출산력 증가를 주도하지는 못했다. 여기서 또 다른 한 가지 가능성, 즉 이른바 혼인력의 변동을 살펴볼 필요가 있을 것 같다. 1960년대까지 이루어진 연구는 선 산업 시기 여성들은 대체로 비교적 일찍 혼인했다고 생각했다. 그러한 견해는 문헌 사료에 특히 많은 영향을 받았다. 따라서 구체적인 통계 자료의 뒷받침이 거의 없었던 그 시기까지의 설명은 자칫 그 실상을 왜곡할 소지가 다분했다.[189]

실제로 근대 영국에서는 특정 계층의 여성도 일부 시기를 제외하고는 일찍 혼인하지는 않았다. <표 Ⅲ-6>이 그것을 뒷받침한다. <표 Ⅲ-6>은 영국의 귀족 가문에 나타난 혼인 연령의 추세이다. 표는 흔히 생각하는 10대 초반의 신부는 극히 예외적인 경우였다는 것을 보여준다. 특히 18세기 이후는 더욱 그러했다.

---

*Bastardy and its comparative history* (London: Edward Arnold, 1981)을 들 수 있다.

188) illogitimate, bastard, base son of the people 그리고 natural 등이 그 예이다; Laslett, *Family life and illicit love in earlier generation*, p.128.

189) 그와 같은 경우로 셰익스피어의 『로미오와 줄리엣』(*Rome and Juliet*)에서 줄리엣의 어머니가 13세에 혼인했다는 것을 바탕으로 당시 가족 제도를 설명했을 경우 생길 수 있는 오류를 들 수 있다; Peter Laslett, "The wrong way through the telescope: a note on literary evidence in sociology and in historical sociology," *British journal of sociology*, 23 (1976), 조성윤(역), "사회학과 사회사의 문학적 자료," 조성윤(편역), 『現代 社會史理論과 歷史認識』(서울: 청아출판사, 1982), p. 274.

〈표 Ⅲ-6〉 영국의 귀족 가문에 나타난 혼인 연령과 연령 차이[1)]

| 출생 연도 | 남성의 평균 연령 | 여성의 평균 연령 | 평균 연령의 차이 |
|---|---|---|---|
| 1550~74 | 25.28 | 20.26 | 5.02 |
| 1575~99 | 25.71 | 19.70 | 6.01 |
| 1600~24 | 25.99 | 20.67 | 5.32 |
| 1625~49 | 27.37 | 21.96 | 5.42 |
| 1650~74 | 26.88 | 21.64 | 5.14 |
| 1675~99 | 28.07 | 22.74 | 5.33 |
| 1700~24 | 30.16 | 23.51 | 6.65 |
| 1725~49 | 29.72 | 24.18 | 5.54 |
| 1750~74 | 29.62 | 23.93 | 5.69 |
| 1775~99 | 29.20 | 25.54 | 3.66 |
| 1800~24 | 30.80 | 25.37 | 5.43 |
| 1825~49 | 30.82 | 25.60 | 5.22 |
| 1850~74 | 31.93 | 26.21 | 5.72 |
| 1875~99 | 30.04 | 25.65 | 4.39 |
| 1900~24 | 27.32 | 25.18 | 2.14 |

1) Hollingsworth, "The demography of the British peerage," p. 25.

그러한 사실은 역사 인구학의 성과에서도 확인할 수 있다. 18세기 잉글랜드의 남녀는 인구학에서 흔히 만혼이라 말하는 24세 이후에 혼인했다는 것이 바로 그것이다. 12개 『지역 교회의 등록 대장』을 가족 재구성법으로 분석한 결과인 <표 Ⅲ-7>이 그것을 잘 나타낸다.

표는 남녀의 평균 혼인 연령에 나타난 변동을 보여준다. <표 Ⅲ-7>은 평균 혼인 연령뿐만 아니라 인구 동태와 관련하여 중요한 사실을 시사한다. 18세기 남녀의 평균 혼인 연령에 현저한 저하가 있었다는 것이 바로 그것이다. 남성의 경우 1675~99년에는 평균 연령이 27.7세였던 반면 1800~24년에는 25.5세로 그 기간에 2.2세가 낮아졌다. 또한 여성은 같은 시기에 26.6세에서 23.7세로 변하여 2.9세 저하되는 변동을 나타냈다. 이는 앞에서 확인한 혼인 출산력의 미미한 변동과는 상반되는 현상이라 할 수 있다.

〈표 Ⅲ-7〉 18세기 잉글랜드의 평균 혼인 연령

| 연도 | 남성 | 여성 |
|---|---|---|
| 1675~99 | 27.7 | 26.6 |
| 1700~24 | 27.6 | 26.9 |
| 1725~49 | 27.4 | 25.7 |
| 1750~74 | 26.5 | 25.3 |
| 1775~99 | 26.1 | 24.7 |
| 1800~24 | 25.5 | 23.7 |

1) Wrigley, "Marriage, fertility and population growth in eighteenth-century England," in Outhwaite(ed.), *Marriage and society*, p.147.

그러한 혼인 연령의 변화는 18세기 잉글랜드의 인구 변동에 많은 영향을 미칠 수 있었다. 출산이 인위적으로 조절되지 않는 자연 상태에서 여성이 일찍 혼인하게 되면 그만큼 전체 출산력이 증대할 수 있기 때문이다. 또한 그에 수반된 세대 차의 축소는 인구 증가를 더욱 가속시킬 수 있었다.

사실 18세기 잉글랜드의 출산력은 20대에 가장 높았으며, 그 연령에서는 평균 매년 0.4명의 자녀를 가질 수 있었다. 따라서 혼인 연령이 낮아지게 되면 그만큼 자녀 수가 늘어날 여지가 생기게 된다. 당시 잉글랜드의 경우 여성의 혼인 연령이 1세 정도 낮아지게 되면 출산력은 약 7% 증가했다는 추계가 그것을 뒷받침한다.[190] 그렇기 때문에 약 3세가 낮아진 여성의 혼인 연령은 출산력 증가의 직접적인 원인으로 이해될 수 있다.

그러면 혼인 연령의 저하 이외에 출산력에 영향을 미칠 수 있는 또

190) Houtston, *The population history of Britain and Ireland*, p. 36.

다른 요인, 즉 여성의 독신율은 18세기에 어떠한 변동을 보였을까? 소급 추적법은 당시 잉글랜드의 독신율이 상당 수준 감소했음을 보여준다. ① 18세기 초에 약 16%였던 그것이 그 세기 중반 이후 약 4~7%로 낮아졌기 때문이다.[191] 그 세기 초에 비해 50% 이상 독신율이 감소했다는 사실은 그만큼 출산 기회가 늘어났음을 의미한다. 그렇기 때문에 당시 잉글랜드에서 현저하게 낮아진 독신율의 변동은 혼인 연령의 저하와 더불어 인구 증가에 직접적인 영향력을 행사할 수 있었다. ① 18세기 잉글랜드에 나타난 여성의 혼인 연령 저하와 독신율의 감소가 출산력을 약 33% 증가시켰으며 ② 그것이 전체 출산력의 변동치와 유사하다는 것을 염두에 둘 필요가 있을 것 같다.[192]

〈표 Ⅲ-8〉 1671~1810년의 조혼인율과 출산력 변화[1)]

| 연도 | 조혼인율 | 연도 | 출산력 | 연도 | 조혼인율 | 연도 | 출산력 |
|---|---|---|---|---|---|---|---|
| 1671 | 7.31 | 1696 | 2.184 | 1741 | 8.19 | 1766 | 2.392 |
| 1681 | 8.07 | 1706 | 2.245 | 1751 | 8.24 | 1776 | 2.581 |
| 1691 | 6.51 | 1716 | 2.245 | 1761 | 9.39 | 1786 | 2.623 |
| 1701 | 8.19 | 1726 | 2.213 | 1771 | 9.11 | 1796 | 2.764 |
| 1711 | 7.55 | 1736 | 2.366 | 1781 | 8.58 | 1806 | 2.931 |
| 1721 | 8.91 | 1746 | 2.273 | 1791 | 8.77 | 1816 | 3.056 |
| 1731 | 10.09 | 1756 | 2.315 | 1801 | 8.46 | 1826 | 2.855 |

1) Wrigley and Schofield, *The population history of England*, p. 427.

그와 같은 사실은 <표 Ⅲ-8>에 잘 나타낸다. 표는 1671~1810년의 조혼인율(the crude marriage rate)이[193] 출산력에 미친 영향을 분석한

191) Wrigley and Schofield, *The population history of England*, p. 263.

192) Wrigley, "The growth of population in eighteenth-century England," p. 132.

193) 조혼인율은 특정 연도에 15~34세의 인구 1,000명에 대한 전체 혼인 수를 나타내는 것이다.

것이다. <표 Ⅲ-8>을 이해함에 있어서 다음의 사실에 유의할 필요가 있을 것 같다. 첫째, 1721~41년의 조혼인율이 비정상적으로 증가했다는 것이다. 이는 1720년대 말의 심각한 사망률 증가로 인해 재혼이 증가했기 때문이다.[194] 즉 1721~41년의 추세는 예외적 현상이었다는 것이다.

둘째, 인구 변화가 상당한 시간 차이를 두고 진행된다는 것이다. 다시 말하면 조혼인율과 출산력의 변동을 시차를 두고 살펴볼 필요가 있다는 것이다. 그렇게 할 경우 혼인율과 출산력의 변동이 거의 비슷한 양상을 보이기 때문이다. 이는 독신율의 감소와 혼인 연령의 저하와 같은 혼인력의 변동이 출산력 증가를 좌우했다는 것을 뒷받침하는 것이다. 바꾸어 말하면 18세기 잉글랜드의 인구 증가는 혼인력의 변동에 따른 출산력 증가가 그 주된 요인이었다는 것이다. 한마디로 당시 잉글랜드의 인구 변동은 맬서스의 적극적 억제보다 혼인을 통해 조절되는 이른바 저압 체제였던 것이다.

## 2. 저압 체제의 메커니즘

### (1) 삶의 과정으로서의 서번트

18세기 잉글랜드는 대체로 부부 중심의 핵가족 사회였으며, 당시 혼인은 곧 경제적 독립을 의미했다. 혼인한 부부는 독립된 가정을 이루고, 그 가족의 생계를 독자적으로 영위해야 했다. 가정을 꾸릴 능력

194) Wrigley and Schofield, *The population history of England*, p. 126.

이 없는 청년은 자연, 혼인을 연기하지 않을 수 없었다. 바로 그러한 상황에서 18세기 잉글랜드의 혼인 연령은 낮아지고 독신이 감소하는 현상이 나타났다. 그렇다면 당시 청년들은 새로운 가정을 이루기까지 과연 어떠한 생활을 했을까? 과연 그 생활은 혼인에 어떠한 영향을 미쳤을까?

여기서 생각할 수 있는 것은 라슬레가 처음으로 명명한 '삶의 과정으로서의 서번트'(life-cycle servants)이다. 1977년, 라슬레는 서번트 생활이 하나의 삶의 과정이었다는 사실을 제시했다. 즉 부모의 집을 떠나 다른 가구에 고용되어 보낸 서번트 생활이 대체로 14~25세에 해당하는 청년의 상당수가 혼인할 때까지 거쳐 가는 과정이었다는 것이다.[195)]

라슬레가 발견한 삶의 과정으로서의 서번트는 헤이날이 발견한 혼인 양태뿐만 아니라 핵가족의 존재는 물론 그것의 형성 과정을 설명수 있는 실마리를 제공해 줄 수 있는 존재였다. 실제로 리글리와 스코필드(R. S. Schofield)가 전국적 범위에서 추계한 잉글랜드의 인구 통계는 서번트의 평균 연령에 해당되는 15~24세의 인구가 1574~1821년에 전체의 약 17.7%를 점했다는 사실을 제시한다.[196)] 이를 라슬레의 연구에서 나타난 바 있는 서번트의 비중, 즉 전체 성원의 약 13.4%와 비교하면 근세 잉글랜드의 경우 청년의 약 2/3가 서번트였다는 것을 추론할 수 있다.[197)] 서번트 생활이 근세 잉글랜드의 청년이 사춘기(adolescence)에서 성인으로 어떻게 성장했는가를 설명할 수 있

---

195) Laslett, *Family life and illicit love in earlier generations*, p. 34.

196) Wrigley and Schofield, *The population history of England*, pp. 528~9.

197) Laslett, "Mean household size in England," in Laslett and Wall(eds.) *Household and family in the past time*, p.152. 한편, 서번트의 연령 구조는 다음의 도표에서 알 수 있다.

는 단서는 맥팔레인(Alan Macfarlane)의 평가를 염두에 둘 필요가 있을 것 같다.[198)]

그러면 서번트는 어떠한 존재였을까? 그들의 개념을 규정하는 것은 결코 쉬운 일이 아니다. 젠트리나 요먼리(yeomanry)와 마찬가지로 서번트의 개념을 간명하게 규정하기에는 그 내용이 너무나 복잡·다양하기 때문이다. 그와 같은 어려움이 나타나는 원인은 크게 두 가지로 나누어 볼 수 있다. ① 자료의 빈약함과 ② 용어의 해석상의 어려움이 바로 그것이다.

자료가 빈약한 것은 서번트와 노동자가 제대로 교육을 받지 못한 데서 기인했다고 볼 수 있다. 교육 기관이 제대로 갖추어지지 않은 상황에서 서번트와 노동자가 그들의 생활상을 기록으로 남기는 것은 어려운 현실이었다.[199)] 그들은 문맹에서 벗어나는 것조차 힘들었다. 그러한 사실은 274개 지역 교회의 영역에서 이루어진 "성혼 문서"(marriage licences)에 나타난 서명 능력을 분석한 스코필드의 연구

---

〈1574~1821년 서번트의 연령 구조〉[1)]

| 연령 | 남성(%) | 여성(%) |
|---|---|---|
| 0~9세 | 1 | 1 |
| 10~14세 | 5 | 4 |
| 15~19세 | 35 | 27 |
| 20~24세 | 30 | 40 |
| 25~29세 | 15 | 15 |
| 30~34세 | 7 | 10 |
| 35~39세 | 4 | 5 |
| 40~44세 | 2 | 2 |
| 45세 이상 | 2 | 2 |

1) Laslett, *Family life and illicit love in earlier generations*, p. 34.

198) Alan Macfarlane, *The family life of Ralph Josselin*, p.146.

199) 서번트 생활을 파악할 수 있는 자료의 대표적인 예로는 *Buckinghamshire Record Office*의 D/x 371. Manuscript memoir of Joseph Mayett를 들 수 있다. 이 기록은 1986년에 축간되었다; Ann Kussmaul, *The autobiography of Joseph Mayett of Quainton(1783~1839)* (Cambridge: Cambridge University Press, 1986).

에서 확인된다. 그에 의해 1754~84년의 경우 요먼리의 19%, 허즈번드먼(husbandmen)의 46% 그리고 노동자와 서번트의 59%가 문맹이었다는 사실이 밝혀졌기 때문이다.[200)]

서번트의 생활상을 복원하는 과정에서 부딪히는 또 하나의 어려움은 용어의 해석이 시기에 따라 차이가 나타난다는 것이다. 서번트는 특히 그러했다. 그들과 노동자와의 구별이 혼돈되는 경우가 많았다. 근세 잉글랜드의 농업사 연구에서 서번트가 단순히 농업 노동자로 간주된 것도 그와 같은 배경에서 비롯된 것이었다.[201)] 또한 오늘날의 의미인 "가사일 종사자'(domestic)로 한정되어 다른 직종에 종사한 서번트의 생활상이 밝혀지지 못한 경우도 있었다.[202)]

바로 그러한 상황에서 1981년에 출간된 커스몰(Ann Kussmaul)의 연구는 획기적으로 평가될 수 있다.[203)] 물론 그녀의 저작은 농업에 고용된 서번트에 주된 관심을 두었기 때문에 한계가 있을 수 있다. 그러나 18세기 말에도 잉글랜드의 전체 인구 가운데 약 72%가 여전히 농촌에 거주하고 있었다는 점을 고려하면[204)] 커스몰의 성과는 당

---

200) Roger Schofield, "The dimensions of illiteracy in 175~1850," *Explorations in economic history*, 10 (1973), pp. 437~54. 허즈번드먼은 요먼리와 노동자 사이에 위치하는 계층이나 그 구별은 간단치 않다; Barry Coward, *Social change and continuity in early modern England 1500~1750* (London: Longman, 1988), p. 3.

201) J. D. Chambers and G. E. Mingay, *The agricultural revolution, 1750~1880* (London: Bastford, 1966); Alan Everitt, "Farm labourers," in J. Thirsk(ed.), *The agrarian history of England and Wales, 1500~1640*, vol. 4 (Cambridge: Cambridge University Press, 1967), pp. 396~465 등이 그 대표적인 경우라 할 수 있다. 그러나 Wilhelm Hasbach, *History of the English agricultural labourer*, trans. Ruth Kenyon (London: Cass, 1966(1908))과 Ivy Pinchbeck, *Women workers and the industrial revolution: 1750~1850* (London: Routledge, 1930)은 비록 역사 인구학적 뒷받침은 다소 빈약하지만, 그들의 생활과 그 의의를 체계적으로 다룬 연구라 할 수 있다.

202) Hill, *Women, work, and sexual politics in eighteenth-century England*, p. 70.

203) Anne Kussmaul, *Servants in husbandry in early modern England* (Cambridge: Cambridge University Press, 1981). 서번트에 관한 소개는 김성룡, "근세 영국의 서번트(sevants)와 그 역사상 -농업 지역을 중심으로-",『大丘史學』第48輯 (1994), pp. 144~85 참조.

시 잉글랜드의 농업 사회와 관련된 역사상의 복원에 여전히 유효하다고 하겠다.

그렇다면 서번트와 노동자는 어떻게 구별할 수 있을까? 그들은 피고용 인력이라는 점에서는 동일하다고 볼 수 있다. 그렇기 때문에 서번트와 노동자는 경우에 따라 다소 혼돈될 여지가 다분하다.

그러나 커스몰의 연구 성과를 종합하면 18세기 잉글랜드의 서번트에 관한 대체로 다음과 같은 추론이 가능하다. 첫째, 고용주와의 숙식 여부이다. 대체로 서번트는 고용주와 숙식을 함께 했다. 그러나 노동자는 고용주의 집이 아닌 자신의 숙소에서 기거했다. 둘째, 고용 기간에 대해서이다. 서번트는 대체로 1년 단위의 계약을 했다. 이에 반해 노동자는 일당, 주당, 추수기 혹은 작업별로 고용되었다. 셋째, 혼인 여부이다. 고용 관계의 판례 등을 참조하면 서번트는 대체로 미혼이었다. 고용주들이 기혼자를 원하지 않았다는 사실은 역사 인구학의 성과에서도 확인할 수 있다. ① 서번트의 연령은 대체로 14~25세였고 ② 당시 잉글랜드의 혼인이 대체로 24세 이후에 이루어졌으며 ③ 혼인이 주로 그들의 고용 기간이 끝난 시기(곡물 농업 지역: 가을, 목축 지역: 봄, 여름)에 행해졌다는 사실 등이 바로 그것이다. 이처럼 서번트의 경우 혼인 여부는 매우 중요했다. 그러나 노동자는 달랐다. 대체로 그들은 기혼자였다. 미혼의 경우에도 그들은 자신의 부모의 집에 거주했다는 점에서 서번트와 구별될 수 있었다.[205]

커스몰에 의해 보다 구체적으로 복원된 근세 잉글랜드의 서번트는 고용주와 숙식을 함께하면서 1년 단위로 고용되어 그의 지시에 따라

204) Hill, *Women, work, and sexual politics in eighteenth-century England*, p. 19.

205) Kussmaul, *Servants in husbandry in early modern England*, pp. 135~142.

작업을 수행하는 청년이었다. 그러한 서번트와 노동자는 서로 밀접한 관련이 있었다. 물론 예외적인 경우도 있었다. 차지농이나 숙련 장인의 경우 교육이나 가업의 상속을 위해 친구, 친척 혹은 지인 등에게 그들의 자녀를 서번트로 보내는 경우도 있었다.[206] 그러나 히트(Thomas Hitt)의 저작에서도 알 수 있듯이 서번트는 고용 생활을 마치게 되면 대체로 노동자가 되었다.[207] 한마디로 서번트는 일종의 예비 노동자였던 셈이다. 조사 대상이 남성 18명이기 때문에 한계는 있겠지만, 하트퍼드셔(Hertfordshire)의 웨스트밀(Westmill)과 그 주변 15개의 『지역 교회의 등록 대장』을 분석한 결과 1758~9년에 서번트였던 남성들이 다른 곳으로 이동하여 파악이 불가능한 경우를 제외하고는 1765년에 모두 노동자로 판명되었다는 사례가 그것을 뒷받침한다.[208]

그렇다면 서번트가 존재한 이유는 무엇일까? 여기서 먼저 고려해야 할 사실은 17세기를 전후로 잉글랜드 사회에서 요먼리 이상의 계층이 수적으로는 소수를 점하면서도 대부분의 토지를 보유하고 있었다는 것이다.[209] 이는 농촌 거주자의 대부분이 토지에서 분리되었다는 것을 의미하는 것이다.

그와 같은 현상은 18세기에는 더욱 두드러졌다. 잉글랜드의 지방사

206) *ibid.*, pp. 76~7.

207) Thomas Hitt, *A treatise of husbandry on the improvement of dry and barren lands: shewing, I. the many advantages which would arise to the nation in general, by destroying of warrens, and converting the lands into tillage, pasture, &c. II. pointing out new and cheap methods to make growing fences upon the most barren soils, and how to till and manure the same at low expence. III. how to prepare the land, and raise upon it various sorts of plants, to produce both poles and timber* (London: Printed for the author, and sold by J. Richardson, and J. Webb, 1760), p. 60.

208) Kussamul, *Servants in husbandry in early modern England*, p. 50.

209) ① 1690년에는 왕실과 교회에서 5~10%, 귀족이 15~20%, 젠트리가 40~55% 그리고 요먼리가 25~33%의 토지를 보유했으며, ② 1790년에는 왕실과 교회가 10%, 귀족이 20~25%, 젠트리는 50% 그리고 요먼리는 10~15%의 토지를 보유했다; 吳主煥, 『英國近代社會硏究』 (대구: 경북대학교 출판부, 1992), p. 27.

연구에서 대표적인 사례라 할 수 있는 호스킨스(W.G. Hoskins)의 위그스톤 마그나(Wigston Magna)의 실태 조사를 그 예로 들 수 있다. 인클로저가 실시되기 이전인 1775년에 그 지방에서는 단지 6%만이 10에이커(acre) 이상의 토지를 보유하고 있었던 것이다. 즉 대부분의 거주자들이 토지 소유와는 거리가 있었던 것이다. ① 70%의 주민이 토지로부터 분리되어 있었으며 ② 그나마 토지를 보유한 30% 가운데서도 10에이커 미만의 토지를 보유한 빈농들이 77%를 점하고 있었기 때문이다.[210)]

그러한 빈농의 존재는 국내에서도 많은 관심을 모았던 원산업화(proto-industrialization) 연구의[211)] 선구적인 모델을 제시했던 더스크의 저술에서도 다시 확인할 수 있다.[212)] 1961년, 그녀는 농촌에서 수공업이 흥기한 것은 거주민들이 그들의 수입을 보완하고자 하는 사회・경제적 여건에서 비롯되었다고 주장했다. 더스크는 17세기 요크셔에서 올이 성긴 양말(coarse stockings) 제조업이 성행한 이유를 다음과 같이 설명했다. 당시 그 지역에는 분할 상속으로 인해 3~4에이

---

210) W. G. Hoskins, *The Midland peasants: the economic and social history of a Leicestershire village* (London: Macmillan, repr., 1965(1957)), p. 219.

211) 김현일, "산업혁명과 원산업 구조의 변화," 서양사론 제43호(1994), pp.127~68. 원산업화 연구는 1972년에 멘델스(Franklin Mendels)에 의해 촉발되었다; Franklin Mendels, "Proto-industrialization: the first phase of the industrialization process," *Journal of economic history*, 32 (1972), pp. 241~61. 1969년에 발표한 위스콘신(Wisconsin)의 박사 학위 논문을 일반화한 그 논문은 산업 혁명의 기원 연구에 많은 기여를 했다. 즉 산업화 이전에 활성화된 농촌 수공업이 산업 혁명으로 이어졌다는 것이다; L. A. Clarkson, *Proto-industrialization: the first phase of industrialization* (London: Macmillan, repr., 1991(1985)), p. 6. 그러나 원산업화와 산업 혁명의 연속선을 설정하기에는 많은 문제가 있다; E. A. Wrigley, *Continuity, chance and change: the character of the industrial revolution* (Cambridge: Cambridge University Press, 1990(1989)), pp. 91~4. 또한 원산업화론에는 그 대상 지역이나 변화의 과정들이 너무 모호하다는 지적이 제기되고 있다; P. Hudson, "Proto-industrialization," in Anne Digby, Charles Feinstein and David Jenkins(eds.), *New directions in economic and social history*, vol. 2 (London: Macmillan, 1992), p.18. 따라서 원산업화라는 용어가 역사 연구에 실제 적용되기 위해서는 그만큼 개념의 정교화가 요구된다고 할 수 있을 것 같다. 김성룡. "원산업화의 성공과 좌절-영국 모직물 공업을 중심으로" 『大丘史學』 第56輯 (1998), pp. 245~69 참조.

212) Joan Thirsk, "Industries in the countryside," in F. J. Fisher(ed.), *Essays in the economic history of Tudor and Stuart England in honour of R. H. Tawney* (1961); reprinted in Joan Thirsk, *The rural economy of England: collected essays* (London: The Hambledon Press, 1984).

커 이상의 토지를 보유하지 못한 사람들이 다수였으며 설사 그 이상을 보유했다 하더라도 8 혹은 9에이커를 넘지 못했다. 더스크는 바로 그것이 농촌 공업이 성행하게 된 이유라고 주장했다. 즉 대부분의 사람들이 그들의 가족을 부양하기 위해서는 농업 이외의 다른 일을 찾지 않을 수가 없었던 것이다.[213] 다시 말하면 당시 그 지역에서 공업이 흥기한 것은 결코 기업가적인 열정, 양모 수급의 용이성 그리고 시장의 수요 등에서 비롯된 것이 아니라는 것이다.

이처럼 17세기 이후 잉글랜드 사회에서는 토지의 소유가 소수에게 집중되면서 노동자의 수가 늘어날 수밖에 없었다. 토지에서 분리된 대부분이 그들의 생계를 유지하기 위해서는 노동력이 필요한 차지농의 농장에 고용될 수밖에 없었기 때문이다. 그러면 많은 노동자가 존재함에도 불구하고 숙식을 함께해야 하는 서번트를 고용한 이유는 무엇일까?

이 물음에 대해 우선적으로 고려해야 할 것은 오늘날에 비해 비교적 높았던 당시의 사망률이다.[214] 비록 경제적으로 부유한 계층이라 하더라도 의학 기술이 뒷받침되지 않은 상황에서는 그것은 결코 예외가 될 수 없었다.[215] 그러한 상황이 가족 이외의 노동력이 필요하게 된 이유였다. 즉 농장은 물론 상업이나 수공업을 영위하는 가정에서 아내나 가장이 죽었을 경우 그들이 한 역할을 대신하거나 도와줄

213) Thirsk, *The rural economy of England*, p. 217.

214) 잉글랜드의 경우 1820년대가 되어서야 평균 수명이 약 40세가 되었다; Wrigley and Schofield, *The population history of England*, p. 529.

215) Hollingsworth, "The demography of the British peerage," pp. 71~2. 스톤도 16~17세기에 있어서 평민 보다 영양 및 위생 상태가 좋았다고 생각되던 젠트리의 경우에도 높은 사망률로 인해 가족 관계가 조기에 끝났다는 사실을 제시했다; 吳主煥, "서평: *The family, sex and marriage in England 1500~1800*," 慶北史學 第二輯 (1980), p. 161.

수 있는 노동력의 필요성이 늘 존재하고 있었기 때문이다.[216)]

다음으로 들 수 있는 것은 안정적인 노동력의 확보가 필요했다는 것이다. 북유럽의 기후 조건은 농업에 있어서 안정된 노동력의 확보를 절실하게 했다. 추수할 무렵에는 더욱 그러했다. 추수 시기를 놓칠 경우 생존 그 자체에 문제가 제기될 수 있기 때문이다. 선 산업 사회 잉글랜드의 경우 '추수 시 모든 사람이 농기구를 들고 허리를 굽힌다'는 라슬레의 언급이 그러한 상황을 잘 나타낸다.[217)]

또한 흑사병과 같은 질병이나 흉작 등의 이유로 인해 인구가 감소하여 많은 임금을 주더라도 안정된 노동력을 확보할 수 없는 경우도 있었다. 그러한 상황에서는 노동자들은 저절로 높은 임금을 받을 수 있기 때문에 다른 시기보다 그리 부지런히 일을 하지 않을 수도 있었다. 바로 그러한 문제를 해결하고 노동력을 안정되게 확보하기 위해 최고 임금을 규제하는 법이 제정되었던 것이다.[218)]

이처럼 서번트는 안정적인 노동력의 공급원이 될 수 있었다. 노동자와 달리 서번트는 숙식 제공과 약간의 임금 지불을 조건으로 1년 단위로 고용되었기 때문이다. '집에 있는 한 사람이 떨어져 있는 두 사람만큼 가치가 있다'는 마샬(William Marshall)의 1775년 언급이[219)] 그러한 상황을 뒷받침한다.

그렇다면 서번트의 공급은 어떻게 이루어졌을까? 그것은 대체로

---

216) Hill, *Women, work, and sexual politics*, p. 71.

217) Laslett, *The world we have lost*, p. 13.

218) 흑사병이 만연한 직후에 흑사병 만연 이전 시기의 수준으로 임금을 동결하기 위해 1349년에 제정된 'de servientibus'와 1350~1년의 'Statute of labourers'가 그 전형적인 예라 할 수 있다.

219) William Marshall, *Minutes of agriculture: made on a farm of 300 acres of various soils, near Croydon, Surry: to which is added, a digest, wherein the minutes are systemized and amplified, and elucidated by drawings of new implements, a farm-yard, &c* (London: Printed for J. Dodsley, 1778), 20 Oct. 1775 항목 참조.

다음과 같은 배경에서 비롯되었다고 볼 수 있다. 노동자나 빈민의 가구에서는 별도의 노동력이 필요하지 않았다는 것이 바로 그것이다, 그들의 자녀들은 오히려 생계에 부담이 되었다.[220] 바로 그러한 여건이 서번트의 존재를 가져온 중요한 원인이 되었던 것이다. 노동자나 빈민의 자녀들이 그들보다 부유한 고용주의 집에서 서번트 생활을 할 경우 서번트의 부모들은 경제적인 어려움을 완화시킬 수 있었기 때문이다.[221]

그와 같은 사실은 <표 Ⅲ-9>에서 확인할 수 있다. 표는 1676년 3월 7일을 기준으로 (Kent)의 굿네스톤 넥스트 윙엄(Goodnestone-next-Wingham)에서 실시한 거주자 실태 조사를 바탕으로 작성한 계층별 가구 구조이다. 노동자와 빈민의 자녀 수와 그들보다 상위에 있는 계층의 자녀 수를 통해 알 수 있듯이 표는 서번트의 공급원은 주로 노동자나 빈민의 가구였음을 보여준다.

〈표 Ⅲ-9〉 1676년 3월의 굿네스톤-넥스트-윙엄의 가구 구조[1)]

| 계층 | 가구 수 | 평균 인원 | 아동 수 | 서번트 수 | 거주 친족 수 |
|---|---|---|---|---|---|
| 젠트리 | 3 | 9.0 | 7 | 15 | 1 |
| 요먼리 | 26 | 5.8 | 64 | 34 | 3 |
| 상인 | 9 | 3.9 | 16 | 2 | 0 |
| 노동자 | 12 | 3.2 | 15 | 0 | 0 |
| 빈민 | 12 | 2.1 | 11 | 0 | 1 |
| 계 | 62 | 4.5 | 113 | 51 | 5 |

1) Laslett, *The world we have lost*, p. 64.

220) Hugh Cunningham, "The employment and unemployment of children in England c. 1680~1851," *Past and present*, 26 (1990), p. 123

221) R. M. Smith, "Transfer incomes, risk and security: the roles of the family and the collectivity in recent theories of fertility change," in David Coleman and Roger Schofield(eds.), *The state of population theory* (Oxford: Basil Blackwell, 1988), p. 197.

그렇다면 서번트 생활은 어떠한 의의가 있었을까? 무엇보다도 서번트 생활은 혼인의 바탕이 될 수 있었다. 먼저, 그 생활은 배우자를 구하는 방편이 될 수 있었다. 고용 계약 기간이 끝난 서번트는 대체로 새로운 일자리를 찾아 이동했다. 그러한 이동은 여러 명의 이성을 접할 수 있는 기회가 되었다. 배우자의 선택에 있어서 부모보다 개인의 의사가 중시되는 상황에서 이루어지는 이성과의 만남은 혼인의 중요한 계기가 될 수 있었던 것이다.222) 특히 마을 술집에서 이루어지는 만남은 중요한 역할을 했다. 그곳에서 휴식하면서 즐기는 동안 다른 고용주나 고용 조건에 관한 정보를 들을 수 있었을 뿐만 아니라 이성과의 접촉을 통해 그들의 배우자를 선택할 수 있었기 때문이다.223)

그다음, 서번트 생활은 혼인은 물론 가정생활을 유지할 수 있는 바탕을 마련할 수 있게 했다.224) 서번트 생활 동안에 습득한 기술과 받은 급료가 상속받을 재산이 거의 없는 청년에게 새로운 가정의 경제적 기반이 되었기 때문이다. 실제로 18세기 링컨셔(Lincolnshire) 스폴딩(Spalding)에서 10년 정도 착실하게 서번트 생활을 한 남녀의 저축액은 £60 정도였다. 이러한 금액은 작은 집을 임차하여 공유지에서 그들의 가축을 방목하고 노동자로 살아갈 수 있는 기반이 될 수 있었다.225) 서번트들은 조그마한 집, 1~2마리의 소를 방목할 토지 그리고

222) Hill, *Women, work, and sexual politics*, p. 77.

223) Kussmaul, *Servants in husbandry in early modern England*, p. 43.

224) K. D. M. Snell, *Annals of the labouring poor: social change and agrarian England 1660~1900* (Cambridge: Cambridge University Press, 1985(1992)), p. 347.

225) 1770년에 영은 16에이커(반은 초지, 반은 경작지)의 토지만 임차하는데 약 £91, 12에이커의 초지 임차와 기타 부대 비용 및 도구를 마련하기 위해서는 약 £65.5가 필요하다고 했다; Arthur Young, *The farmer's guide in hiring and stocking farms: containing an examination of many subjects of great importance both to the common husbandman, in hiring a farm and to a gentleman on taking the whole or part of his estate into his own hands* (London: Printed for W. Strahan, 1770), pp. 119, 122~3.

감자와 콩을 심을 텃밭을 마련할 수 있으면 혼인한다는 1760년에 히트의 언급을 그 예로 들 수 있다.[226]

그뿐만 아니라 1년간의 계약이 끝나면 서번트들은 경제적으로 어려운 시기를 대비할 수 있었다. 사실 1692년에 개정된 정주·추방법(Law of settlement and removal)은[227] 어떤 지역 교회의 관리 영역에서 1년간 도제 혹은 서번트 생활을 마치면 정주권을 획득할 수 있다는 것을 명시하고 있다.[228] 다시 말하면 서번트 생활은 혼인 후 실업에 직면했을 때 빈민법(the poor law)의 구호를 받을 수 있는 보장책을 마련한다는 의미도 지니고 있었던 것이다.[229]

### (2) 서번트 생활과 인구 변동

18세기 잉글랜드의 서번트 생활은 청년들이 혼인하여 가정을 이루는 기반을 마련하는 중요한 계기였다. 당시 잉글랜드의 경우 부부 중심의 핵가족이 보편적이었으며 대체로 배우자를 혼인 당사자들 스스로가 선택했다. 혼인을 위해서는 경제적 기반 마련이 자연스러운 일이었다. 바로 그것을 당시 잉글랜드인들의 상당수가 서번트 생활을 통해 마련했던 것이다.

여기서 한 가지 주목할 사실이 있다. 18세기 잉글랜드 사회에서 서번트 생활이 저압 체제의 유지와 밀접한 관련이 있었다는 것이 바로

---

226) Hitt, *A treatise of husbandry*, p. 61.

227) 정주·추방법은 1662년에 제정된 것이다.

228) 3 William & Mary c. 11.

229) Coward, *Social change and continuity*, p. 55.

그것이다. ① 1574~1821년의 경우 15~24세의 인구 가운데 약 60~70%가 바로 서번트였으며 ② 그 시기 잉글랜드의 전체 가구 가운데 약 1/3이 1~2명의 서번트를 고용했던 사실 등이 그것을 잘 나타낸다.[230) 그뿐만 아니라 18세기 잉글랜드의 경우 농업에 있어서 그들의 노동력이 차지하는 비중은 전체의 약 1/3~1/2이었다.[231) 그렇기 때문에 서번트 생활은 18세기 잉글랜드의 인구 변동과 연계될 수 있었다.

사실 1656년에 약 5,281,000명이었던 잉글랜드의 인구는 1686년에 약 4,865,000명으로 감소했다. 소급 추적법으로 작성된 인구 통계는 그 원인의 약 58%가 해외 이주였다는 사실을 보여준다.[232) 문제는 그 주요 원인이 서번트에 해당하는 청년의 이주에서 비롯되었다는 것이다. 그들 대부분이 당시 아메리카 식민지의 연한부 계약 서번트로 고용되었기 때문이다.[233)

한마디로 근세 잉글랜드의 서번트 생활은 인구가 경제 및 환경에 의해 조절되는 저압 체제의 메커니즘이었다. 다시 말하면 그 생활은 당시 사회의 유지 및 발전과 긴밀하게 연계되었다. 잉글랜드에서 인구 감소가 나타난 17세기 말에 제기된 서번트에 대한 관심과 배려에서 그러한 사실을 확인할 수 있다.

17세기 말은 잉글랜드에서 인구가 감소한 시기였다. 그 이전 시기

---

230) 김성룡, "근세 영국의 서번트와 그 역사성," p. 150.

231) Hill, *Women, work, and sexual politics*, p. 70.

232) Wrigley and Schofield, *The population history of England*, p. 228.

233) 1630~1780년에 유럽에서 북 아메라카로 이주한 사람은 대체로 1,177,400명으로 추산되는 데 그 가운데 50~60%가 연한부 계약 서번트였다; 1630~1700년에는 377,600명 그리고 1701~1780년에는 799,000명이 북 아메리카로 이주했다: Henry A. Gemery "Markets for migrants: English indentured servitude and emigration in the seventeenth and eighteenth centuries," in P. C. Emmer(ed.), *Colonialism and migration: indentured labour before and after slavery* (Hingham; Kluwer Academic Publishers, 1986), pp. 33, 35.

에 비해 노동력은 자연, 부족해졌다. 그 결과 서번트에 대한 사회적 관심은 고조될 수밖에 없었다. ① '서번트가 없는 곳에 고용주는 결코 있을 수 없다'는 루카스(Richard Lucas)의 1688년 기술과[234] ② 같은 해에 서번트를 '가족을 움직이는 중추'로 묘사한 새빌(George Savile)의 언급[235] 등이 당시 상황을 잘 나타낸다.

이처럼 17세기 말을 전후로 하여 잉글랜드에서는 서번트에 대한 관심이 고조되고 있었다. 그 결과 서번트는 사회의 유지에 꼭 필요한 존재라는 인식이 더욱 확산되었다.[236] 자연, 그들의 고용을 자극하는 장치가 마련되기 시작했다. 1692년에 이루어진 이른바 정주 · 추방법의 개정을 그 예로 들 수 있다.

정주 · 추방법은 1662년에 제정되었다. 그 법은 개별 교회 영역은 그 지역에서 출생한 법적 거주자에게만 구호의 책임이 있다는 것을 명시하고 있다. 따라서 매년 £10의 집세를 지불할 수 없거나 구호를 받아야 될 것이라고 간주되는 자가 어떤 지역으로 이동해 왔을 경우 40일 이내에 이의가 있을 경우 2명의 지역 치안 판사(justice of peace)는 이주자를 마지막 법적 거주지로 되돌려 보낼 수 있었다.[237]

그런데 1662년의 법은 30년 후인 1692년에 개정되면서 서번트의 고용에 중요한 영향을 미치게 되었다. 개정된 법은 어떤 지역에서 1

---

234) Richard Lucas, *The duty of servants, containing first, their preparation for, and choice of a service. Secondly, their duty in service. Together with prayers suited to each duty. To which is added a discourse of the sacrament, suited peculiarly to servants. By the author of Practical Christianity [i.e. Richard Lucas]* (London: printed for Sam. Smith, 1685), p. 203.

235) George Savile, *The lady's new-years gift: or, advice to a daughter* (London: printed for Matt. Gillyflower, and James Partridge, 1688), p. 66. 새빌은 핼리팩스(Halifax)의 후작(marquis)이었다.

236) William Fleetwood, *The relative duties of parents and children, husbands and wives, masters and servants, consider'd in sixteen sermons: with three more upon the case of self-murther. By W. Fleetwood* (London: printed for Charles Harper, 1705), p. 386.

237) 13 & 14 Car. II c. 12.

년간 도제 혹은 서번트 생활을 마치면 그 곳에서 구호를 받을 수 있는 정주권을 획득할 수 있다는 것을 명시했기 때문이다.[238] 당시 개정된 법은 서번트 생활의 당사자였던 청년의 동기 유발을 자극할 수 있었다. 그것을 이해하기 위해서는 만혼 체제의 핵가족 사회에서 나타날 수 있는 개인이나 개별 가구의 경제적 어려움에 주목할 필요가 있을 것 같다. 어린 피부양자나 나이 든 피부양자로 인해 가용 자원과 필요 자원의 균형이 맞지 않을 수 있기 때문이다.[239]

역사 인구학의 성과는 선 산업 시기 잉글랜드의 빈민들이 대체로 다음과 같은 삶의 과정을 거쳐 간다는 사실을 보여준다. 생활 상태가 최저인 상황에서 태어나 혼인 후 경제적 능력이 없는 자녀가 태어나면 다시 가난해지기 시작하여, 늙으면 빈민으로 돌아간다는 것이 바로 그것이다.[240] 이는 만혼 체제의 핵가족이 직면할 수 있는 어려운 경제적 여건을 분명히 하는 것이다.

바로 여기서 한 가지 용어에 주목할 필요가 있을 것 같다. 이른바 '핵가족의 구조적 곤고함'(nuclear family hardship 혹은 nuclear hardship)이 바로 그것이다. 컴퓨터 마이크로시뮬레이션이라는 역사 인구학적 분석을 통해 밝혀진 그것의 내용은 대체로 다음과 같이 요약할 수 있다. ① 근세 잉글랜드의 경우 핵가족이 보편적인 가족 형태였으며 ② 남편이나 아내의 실명이나 죽음 등이 갑자기 닥쳤을 경우 가족 경제

238) 3 William & Mary c. 11.

239) R. M. Smith "Transfer incomes, risk and security: the roles of the family and the collectivity in recent theories of fertility change," in David Coleman and Rogen Schofield, *The state of population theory* (Oxford: Basil Blackwell, 1988), p. 197.

240) 이러한 범주의 빈민들은 튜더 빈민법이 제정될 때 나타난 팜플릿과 논평 등에서도 흔히 등장하는 것이다; Smith "Transfer incomes, risk and security," in Coleman and Schofield, *The state of population theory*, p. 200.

가 구조적으로 어려움에 처할 수밖에 없다는 것이 바로 그것이다.[241)]

그렇다면 가족 성원이 직면할 수 있는 경제적 어려움은 어떻게 해결할 수 있을까? 그에 관한 방안으로 우선적으로 생각할 수 있는 것은 가족 성원이나 친족의 도움이다. 그러나 그것은 기대난이다. 선 산업 시기 잉글랜드의 경우 오늘날과 비교가 되지 않은 높은 사망률을 보였다. 오늘날의 선진국에서는 여성의 평균 수명은 약 75세, 그리고 남성은 약 70세로 나타난다. 또한 3% 미만이 영아나 아동기에 사망하고 15세의 10명 가운데 9명이 55세까지 생존한다는 것을 보여준다. 이에 반해 16세기 중반~19세기 초 잉글랜드의 평균 수명은 40세 전후였다. 그뿐만 아니라 영아 가운데 1/5~1/6의 영아가 출생한 첫해에 사망했으며, 15세까지 생존한 10명 가운데 6명이 55세까지 생존했다.[242)]

선 산업 시기 잉글랜드는 오늘날보다 사망의 위험이 큰 시대였다. 그뿐만 아니라 서번트 생활과 만혼을 그 특성으로 하는 핵가족 중심 사회였다. 그러한 인구 구조는 당장 가족 구성에 많은 영향을 미칠 수 있었다. 동거 친족의 비중이 그리 크지 않다는 것이다. 16~19세기 초 잉글랜드의 상층 계층이라 할 수 있는 젠트리의 가구 가운데 27.6%가 동거 친족이 있었다는 사실이 그것을 잘 나타낸다.[243)]

동거 친족의 비중은 친족과 개인의 유대에도 부정적인 영향을 미쳤다. 선 산업 시기 잉글랜드의 경우 친족보다 오히려 이웃의 유대가 더

---

241) Peter Laslett, Kenneth W. Wachter and Robert Laslett, “The English evidence on household structure compared with the outcomes of microsimulation,” in Kenneth W. Wachter and Eugene A. Hammel and Peter Laslett(eds.), *Statistical studies of historical social structure* (New York: Academic Press, 1978), p. 81.

242) James E. Smith, “Widowhood and aging in traditional English society,” *Aging and society*, 4 (1984), pp. 429~30.

243) 빈민의 경우에는 7.9%였다; Wrightson, *English Society*, p. 44.

욱 중요했다. '사촌들은 감정적으로나 혹은 경제적으로 별다른 중요성이 없다'는 17세기의 한 일기 기록이 그것을 잘 나타낸다.[244] 오늘날에 비해 비교적 높은 사망률과 일찍부터 집을 떠나 다른 고용주의 집에서 보낸 서번트 생활의 영향이 상당 부분 작용했다고 볼 수 있다.

선 산업 시기 잉글랜드에 나타난 동거 친족의 비중이나 유대에 관한 내용 등은 빈민법과 관련하여 한 가지 중요한 사실을 시사한다. 핵가족 상태에서 갑자기 닥치는 불행, 특히 과부나 고아가 되었을 경우에 직면하는 경제적 어려움을 친족이 감당할 여지가 그리 크지 않다는 것이 바로 그것이다.[245] 다시 말하면 당시 잉글랜드 사회의 인구 혹은 가족 구조가 전체의 7% 이상을 점했던 60세 이상의 인구처럼 질병과 무능력 때문에 구호를 받아야 할 대상을 공적 부조로 해결할 수밖에 없었다는 것이다.[246]

그러한 설명은 다음의 사실에서도 확인 가능하다. ① 선 산업 시기 잉글랜드의 전체 노령 인구 가운데 50% 이상이 그들 자녀와 가까운 거리에 살지 않았으며[247] ② 노령 인구에 관대한 구빈 행정을 촉구한 당시의 저작[248] 등이 바로 그것이다. 이는 핵가족의 구조적 곤고함과

244) Macfarlane, *The family life of Ralph Josselin*, pp. 137~9.

245) Peter Laslett, "The European family and early industrialization," in J. Baecher, J. A. Hall and M. Mann(eds.), *Europe and the rise of capitalism* (Oxford: Basil Blackwell, 1988), p. 239.

246) Paul Slack, *The English poor law 1531~1782* (Basingstoke: Macmillan, 1990), p. 14.

247) David Thompson, "The welfare of the elderly in the past: a family or community responsibility," in Margaret Pelling and Richard M. Smith(eds.), *Life, death, and the elderly: historical perspective* (London: Routledge, 1991), p. 211.

248) Henry Arthington, *Provision for the poore now in penurie out of the store-house of Gods plentie* (London: Printed by Thomas Creede, 1597)와 Michael Dalton, *The countrey justice: containing the practice of the justices of the peace out of their sessions: gathered for the better help of such justices of peace as have not been much conversant in the studies of the laws of this realme* (London: Printed by the assignes of John More, Esquire, 1635) 등의 저작에서는 노령 인구를 지역 공동체가 부양해야 한다는 것을 분명히 한다; Richard M. Smith, "The structured dependence of the elderly as recent development: some sceptical historical thoughts," *Ageing and society*, 4 (1984), p. 421.

인구·가족 구조의 여건이 공적인 구빈 지출이 필요한 중요한 요인이었음을 분명히 하는 것이다.

바로 그러한 상황에서 1년의 고용 생활을 통해 정주권을 확보할 수 있다는 것은 서번트에게는 하나의 혜택이 될 수 있었다. 해당 지역에서 구호를 받을 수 있는 자격을 가질 수 있었기 때문이다. 그렇기 때문에 서번트 생활은 혼인 후 실업에 직면했을 때 빈민법의 구호를 받을 수 있는 보장책을 마련한다는 의미를 지니고 있었다.[249] 물론 정주권은 서번트에게만 그 혜택이 돌아간 것은 아니었다. 안정적인 노동력 확보가 곤란한 시기에도 고용주들이 서번트 생활을 원하는 사람을 비교적 용이하게 고용하여 필요한 노동력을 충당할 수 있었기 때문이다.

이처럼 18세기 잉글랜드의 서번트 생활은 혼인하여 가정을 이루는 기반을 마련하는 중요한 계기였다. 당시 잉글랜드에서는 부부 중심의 핵가족이 보편적이었으며 대체로 배우자를 스스로 선택했다. 당사자들의 혼인을 위한 경제적 기반 마련은 자연스러운 일이었다. 바로 그것을 당시 잉글랜드인들의 약 60~70%가 서번트 생활을 통해 마련했다. 그렇기 때문에 그 생활은 자연, 인구 변동에 중요한 영향력을 행사할 수 있었다. 연령적으로 충분히 아이를 가질 수 있었음에도 불구 서번트 생활로 인해 혼인에 제약을 받았기 때문이다.

월(Richard Wall)의 연구가 그러한 사실을 분명히 한다. 그는 1650~1749년과 1750~1821년 잉글랜드의 가구 성원은 평균 4.75명 → 4.86명으로 거의 변화가 없었던 반면 서번트가 전체 가구에서 차지하는

249) Coward, *Social change and continuity*, p. 55.

비중은 약 18% → 10%로 감소했다는 사실을 제시했다.[250] 월의 연구는 서번트의 고용 비율이 낮아지는 상황과 인구 증가의 현상이 서로 연동되는 것을 확인할 수 있게 한다. 실제로 서번트가 전체의 가구에서 약 18%를 차지했던 상황에서 1650년에 약 5,220,613명이던 잉글랜드의 인구는 1749년에 5,702,768명으로 미약한 증가를 보였다. 그에 반해 전체 가구에서 서번트의 비중이 약 10%로 감소했던 1750~1821년의 경우 인구는 5,739,364명에서 11,491,850명으로 현저한 증가를 나타냈다.[251] 한마디로 서번트 생활은 인구 변동의 주요 매개체였던 것이다.

250) Richard Wall "Regional and temporal variations in English household structure from 1650," in J. Hobcrafts and P. Rees(eds.), *Regional demographic development* (London: The Croom Helm, 1979), p. 107.

251) Wrigley and Schofield, *The population history of England*, pp. 532~4.

# Ⅳ. 농업의 경영 변화

18세기 잉글랜드의 서번트 생활은 인구 변동과 직접적으로 연계되었다. 또한 그들의 고용은 사회 전반에 걸쳐 이루어졌다. 그러나 18세기 말에도 전체 인구의 약 72%가 농촌에 거주하고 있는 사실을 고려하면 그들의 고용은 대부분 농업에 집중될 수밖에 없었다.[252] 그렇기 때문에 서번트의 고용은 농촌 지역의 저압 체제를 유지하는 중요한 메커니즘으로 자리 잡을 수 있었다.

그러나 서번트의 고용은 시기적으로 일정한 것은 아니었다. 18세기 중반 이후 감소하는 모습을 보였다. 그들의 고용 감소는 농업의 경영 변화를 시사한다. 그렇다면 당시 잉글랜드의 농업은 증가한 인구를 부양하기 위해 어떠한 농업 경영을 추구했을까? 그 과정에 어떠한 변화가 나타났을까?

252) 김성룡, '근세 영국의 서번트와 그 역사상', pp.158~9. 농업 이외에 고용된 서번트에 관한 연구는 R. C. Richardson, *Household servants in early modern England* (Manchester: Manchester University Press, 2010) 참조.

# 1. 농업의 시장 지향성

## (1) 3층 구조의 형성

18세기 잉글랜드의 농업 사회는 흔히 3층 구조로 설명된다. 지주, 자신의 보유지와 임차한 토지를 경작하는 자본주의적 차지농 그리고 노동자의 구조가 바로 그것이다.[253] 3층 구조의 형성은 자본주의적 차지농이 종래의 요먼리와 허즈번드먼을 대신하게 되었다는 것을 의미한다. 왜 그러한 현상이 나타났을까?

그것의 규명을 위해 <표 Ⅳ-1>에 주목할 필요가 있다. 표는 가족 농장(family farm)의 비율이 줄어듦과 동시에 자본주의적 농장(capitalist farm)이 증가했음을 보여준다. 사실, 1600~20년 잉글랜드의 경우 수익성 있는 농업을 위해서는 최소 30에이커의 토지가 필요했다.[254] 그러나 18세기의 상황이 반영된 <표 Ⅳ-1>은 수익성 있는 농장의 규모를 100에이커 이상으로 규정하고 있다. 이는 1620년경과 비교하면 규모에서 최소 3배 정도 늘어난 면적이다.

---

253) Overton, *Agricultural revolution in England*, p. 203.

254) Peter J. Bowden, "Agricultural prices, farm profits and rent, 1500~1640," in Peter J. Bowden(ed.), *Economic change: price, wages, profits and rents 1500~1750* (Cambridge: Cambridge University Press, 1990), pp. 81~2.

〈표 Ⅳ-1〉 남부 미들랜드(Midlands) 농장 규모[1)]

| 농장 구분 \ 경지 특성 | 개방 경지 | | 인클로저 경지 | |
|---|---|---|---|---|
| | 농장 | 경작 면적 | 농장 | 경작 면적 |
| | 1700년 | 1800년 | 1700년 | 1800년 |
| 가족 농장 (60에이커 미만) | 59.2% | 29,6% | 24.7% | 7.6% |
| 중 간 (60~100에이커) | 18.3% | 15.2% | 21.7% | 7.6% |
| 자본주의적 농장 (100에이커 이상) | 22.4% | 55.1% | 53.6% | 84.7% |

1) R. C. Allen, *Enclosure and the yeoman* (Oxford: Clarendon Press, 1992), pp. 73~4.

자본주의적 농장의 증가는 17세기 말 이래 잉글랜드가 겪은 대외 전쟁과 관련이 있었다. 당시 잉글랜드가 경험한 전쟁은 대체로 다음과 같다. 9년 전쟁(아우크스부르크 동맹 전쟁, 1689~97년), 에스파냐 왕위 계승 전쟁(1701~14년), 오스트리아 왕위 계승 전쟁(1739~48년), 미국 독립 전쟁(1775~83년) 그리고 나폴레옹 전쟁(1796~1815년) 등이 바로 그것이다. 여기서 한 가지 주목할 사실이 있다. 그러한 일련의 전쟁이 잉글랜드의 행정 조직을 보다 구체적으로 수립할 수 있는 계기가 되었다는 것이 바로 그것이다. 실제로 1688년 이전에 잉글랜드가 지출한 전비는 ￡2,000,000를 넘지 않았다. 그러나 에스파냐 왕위 계승 전쟁은 달랐다. 연간 ￡7,000,000를 필요로 했기 때문이다.[255)] 자연, 잉글랜드 정부의 전비 조달을 위한 대책이 추구되었으며, 그것은 혁신적인 조치로 이어졌다. 1694년 잉글랜드 은행(Bank of England)의 설립이나[256)] 장기 공채의 도입과[257)] 같은 일련의 개혁들

255) John Brewer, *The sinews of power: war, money, and the English state, 1688~1783* (New York: Knopf, 1989(1988)), p. 30.

256) 처음에는 전시의 편의를 위한 것이었다; Paul Kennedy, *The rise and fall of the great powers:*

이 바로 그것이다.

잉글랜드의 대외 전쟁은 또한 토지세(land tax)의 인상으로도 이어졌다. 9년 전쟁의 전비 조달을 위해 1692년에 제정된 그것은 토지 수입 £1당 4s.을 그 소유자에게 부과했다.[258] 문제는 전시의 재정 수급을 위한 토지세가 토지 소유자에게 상당한 부담으로 작용했다는 것이다.[259] ① 켄트의 경우 1658~65년에 지대 수입에서 차지하는 여타 세금의 비중은 4~5%였지만 ② 토지세의 부과 이후 1689~99년에 그것이 16~27%로 증가했던 것이다.[260]

토지세는 당시 잉글랜드의 농업 사회에 구조적 변화를 가져왔다. 먼저, 그것은 토지가 지주에게 집중되게 했다. 17세기 말-18세기 초의 상황은 세금 부담을 충분히 감당할 수 있는 자원이 풍부한 지주에게 유리하게 전개되었다. 문제는 100에이커 이하의 차지농이었다. 곡물 가격이 하락하는 당시 여건에서 새로이 부과되는 토지세로 인해 그들이 어려움에 직면하게 되었기 때문이다.[261] 그것은 보덴(Peter J. Bowden)의 연구에서도 확인 가능하다. 그는 1700~50년의 지대, 인건비 그리고 기타 경비 등과 같은 지출 부분과 종류별 곡물 가격을 비교했다. 그 결과 보덴은 농장이 100에이커의 규모는 되어야 11.6%(세전)의 수익률을 거둘 수 있다는 견해를 제시할 수 있었다.[262]

---

*economic change and military conflict from 1500 to 2000* (New York; Random House, 1987), p. 80.

257) 18세기의 경우 추가 전비의 약 3/4은 공채로 발행되었다; *ibid.*, p. 80.

258) 거의 18세기 전 기간을 통해 토지세는 잉글랜드의 주된 직접세였다; *ibid.*, p. 79.

259) 장기 의회에 의해 토지, 동산 그리고 봉급 등 연가치 £1의 재산당 4s.의 재산세(property tax)가 부과되었다. 그러나 그것의 조사가 여의치 않아 1692년에 토지세로 전환된 것이다; 吳主煥, 『英國近代社會硏究』, p. 358

260) D. C. Coleman, *The economy of England 1450~1750* (Oxford: Oxford University Press, 1977), pp.128~9, 191~4.

261) *ibid.*, p. 128.

토지의 집중화는 18세기에도 계속되었다. 18세기 초 디포(Daniel Defoe)는 '에섹스(Essex)에서 대단한 양의 토지가 구매되면서 옛 젠트리의 재산이 매매되었다'고 말했다.[263] 그의 언급은 스태퍼드셔(Staffordshire)의 사례에서도 확인 가능하다. 해당 지역의 경우 100에이커 이상의 농장이 1724~64년에 약 44% 증가했기 때문이다.[264]

토지의 집중화는 16~17세기 잉글랜드의 대표적 독립 자영농이었던 요먼리의 몰락에서도 확인 가능하다. 당시 요먼리는 대체로 평균 50에이커의 토지를 보유하고 있었다.[265] 또한 17세기 말 그들은 잉글랜드의 토지 가운데 약 25~33%를 차지하고 있었다. 그러나 요먼리의 토지 보유는 시간이 지나면서 더욱 감소했다. 18세기 말 잉글랜드의 전체 토지 가운데 그들이 10~15%만을 보유하고 있었기 때문이다.[266]

### (2) 시장의 활성화

18세기 잉글랜드의 농업 경영에 있어서 한 가지 두드러진 점은 이른바 자본주의적 농장이 꾸준히 증가했다는 것이다. 그것은 당시 농업이 시장의 상황과 밀접한 관련이 있었음을 의미한다. 그렇지 않을 경우 자본주의적 농장 자체가 있을 수 없기 때문이다.

---

262) Peter J. Bowden, 'Agricultural prices, farm profits and rent, 1500~1640', in Peter J. Bowden(ed.), *Economic change: price, wages, profits and rents 1500~1750* (Cambridge: Cambridge University Press, 1990), pp. 276~7.

263) Daniel Defoe, *A tour through England and Wales*, vol.1.(London: J. M. Dent & Sons Ltd., Everyman's Library edn., 1928(1717~24)), p.15.

264) Coleman, *The economy of England*, p.129.

265) Mingay, *English landed society in the eighteenth century* , p. 24.

266) 吳主煥, 『英國近代社會硏究』, p. 374.

〈표 Ⅳ-2〉 16~18세기 초 잉글랜드의 시장 변화[1)]

| 연도 | 1500~1640 | 1690 | 1693 | 1720 |
|---|---|---|---|---|
| 시장 수 | 809 | 874 | 680 | 637 |

1) J. A. Chartres, "The marketing of agricultural produce, 1640~1750," in John Chartres(ed.), *Agricultural markets and trade, 1500~1720* (Cambridge: Cambridge University Press, 1990), pp.161~2.

18세기 잉글랜드의 경우, 물론 오늘날과는 차이가 있겠지만, 농업의 시장망이 전국적으로 형성되어 있었다. 그것은 <표 Ⅳ-2>에서 확인할 수 있다. 표는 17세기 말을 기점으로 시장의 수적 감소를 보여준다. 외견상 그것은 시장의 쇠퇴로 여겨질 수 있다. 그러나 실제는 그렇지 않았다. 그것이 오히려 지방 시장의 쇠퇴를 의미하기 때문이다. 지방 시장은 대체로 반경 10마일을 그 대상으로 했다. 그것은 약간의 잉여물을 그 지방에 판매하는 폐쇄적인 시장이었다.[267)] 그렇기 때문에 당시 잉글랜드에서 나타난 지방 시장의 쇠퇴는 오히려 시장의 연계망이 전국적으로 확대되었음을 의미할 수도 있다.

그와 같은 추론은 대체로 다음의 네 가지 사실에서 확인할 수 있다. ① 주곡인 밀 거래 시장의 전국적인 연계망 형성, ② 정보 및 교통망의 확대, ③ 중간 상인 혹은 중개인을 통한 거래의 활성화, ④ 시장 규제의 폐지 등이 바로 그것이다.

전국적인 밀 시장은 1750년 이전부터 존재하고 있었다. ① 1693~1700년에 밀이 운송되는 기간에는 지역별로 다소 차이가 있지만 그 가격에는 별다른 차이가 없었다는 조사 결과와[268)] ② 1723~62년의 밀 거래가

267) Overton, *Agricultural Revolution in England*, p.137.

268) John Houghton, *A collection for improvement of husbandry and trade* (London, 692~1703), quoted in Chartres, "The marketing of agricultural produce," in Chartres(ed.), *Agricultural markets and trade*, p. 212.

지역보다 전국적인 상황에 의해 영향을 받았다는 연구 성과[269] 등이 그것을 뒷받침한다.

전국적인 시장이 형성되었다는 사실은 그만큼 당시 사람들이 농산물 가격에 관한 비교적 정확한 정보를 입수하고 있었다는 것을 의미한다. ① 1700년 무렵에는 농산물 시장에 관한 정보가 게재된 런던의 『포스트 보이』(*Post boy*)는 지방에까지 꽤 많은 독자를 확보하고 있으며 ② 그것이 1715~50년에 농산물 시장의 상황에 대한 주간 정보지의 발간에 바탕이 되었다.[270]

그와 같은 정보망은 운송망의 확충과 연계되었다. 1830년대에 철도가 놓이기 이전의 운송은 짐마차(waggon), 연안 수송(coasting shipping) 그리고 하천과 운하를 통한 수송이 주된 방법이었다.[271]

짐마차를 통한 운송은 1637~1715년에 배 이상 증가했다. 1750년에는 지역 도로망의 확충과 더불어 또다시 배 정도 확대되었다.[272] 1700년대에 체셔(Cheshire)의 치즈 제조업자들이 그들 제품을 런던이나 버밍엄(Birmingham)으로 수송하는 문제를 짐마차로 해결했다는 사실이 그것을 뒷받침한다.[273]

농산물 운송에 있어서 또 다른 수단은 연안 수송이었다. 그것은 밀 교역에 중요한 역할을 했다. 지리적으로도 잉글랜드는 바다에서 70마

---

269) C. W. J. Granger and C. M. Elliott, "A fresh look at wheat price and markets in the eighteenth Century," *Economic history review*, 2nd ser., 20 (1967), p. 258.

270) G. A. Cranfield, *The development of the provincial newspaper, 1700~1760* (Oxford: Blackwell, 1962), pp. 25~7, 91~7.

271) Overton, *Agricultural revolution in England*, pp.140~1.

272) J. A. Chartres, "Road caring in England in the seventeenth century: myth and reality," *Economic history review*, 2nd ser., 30 (1997), p. 77.

273) Chartres, "The marketing of agricultural produce, 1640~1750," in Chartres(ed.), *Agricultural markets and trade*, p. 217.

일 이상 떨어진 땅이 없다는 것도 연안 수송의 발전에 기여했다.274) ① 1660~1702년에 연안 수송은 2/3 정도 증가했으며 ② 1709~51년에는 41% 늘어났다.275)

한편 당시 연안 수송은 운하와 연계되었다. 운하는 산업 혁명에 필요한 원활하고도 저렴한 수송 체제였다. 잉글랜드의 운하는 지방 지주와 상인 집단에 의해 꾸준히 건설되었다. 그 결과 18세기 말에 약 2,000마일의 운하가 있었는데 그 가운데 약 1/3은 1760~1800년에 그리고 약 1/3은 자연적으로 운항할 수 있는 강이었으며 그 나머지는 1600~1760년에 건설되었다.276) 운하는 운송 비용의 절감은 물론 교역의 활성화에 많은 기여를 했다. 1706년에 헤리퍼드(Hereford)에 운하가 개통되면서 '밀 시장에는 상품이 넘쳐 통행이 어려웠다'는 언급이 그것을 뒷받침한다.277)

그러나 전국적 시장망과 정보 및 교통망이 확충되었다 하더라도 차지농들이 직접 소비자에게 그들의 수확물을 판매하기란 결코 쉽지 않았다. 자연, 그것을 연결해 줄 수 있는 중간 상인 혹은 중개인이 필요했다. 행상(badgers), 농간꾼(kidders), 중개상(jobbers) 그리고 가축상(drover) 등으로 불린 그들의 역할은 다양했다. 시장에 출하되기 전에 곡물을 구입하는 중간상(forestaller), 시장에서 곡물을 구입하여 되팔려는 도매상(regrator) 그리고 도매상에게 곡물을 구입하여 비쌀 때 팔려고 하는 중도매상(engrosser) 등을 예로 들 수 있다.278)

274) Deane, *The first industrial revolution*, p. 77.

275) T. S. Willan, *The English coasting Trade 1600~1750* (Manchester: Manchester University Press, new impression, 1967(1938)), p. 222.

276) Deane, *The first industrial revolution*, p. 78.

277) Chartres, "The marketing of agricultural produce, 1640~1750," in Chartres(ed.), *Agricultural markets and trade*, p. 218.

그러나 그들의 인적 구성이나 전체에서 차지하는 비중을 제시하는 자료는 거의 없는 실정이다. 따라서 중간 상인 혹은 중개인에 대한 정확한 내용을 파악하기란 대단히 어려운 일이다. 단지 일부 사료에서 그들의 역할을 짐작할 수 있을 뿐이다.

그와 같은 자료의 대표적인 경우로 디포의 1745년 저작을 들 수 있다. 당시 그는 차지농들이 대체로 다음과 같은 방법으로 직접 판매의 번거로움을 덜었다고 기술했다. 즉 중간 상인 혹은 중개인에게 작물의 견본을 보인 후 서로 조건이 맞을 경우 매매 계약을 체결했다는 것이다.[279]

그러한 교역의 활성화는 시장 규제의 폐지와도 밀접한 관련이 있었다. 잉글랜드의 시장은 16세기 초에는 그 지방의 잉여 농산물을 필요한 사람에게 분배하는 장소로 간주되었다. 그래서 시장은 도시의 통제하에 놓이게 되었다. ① 일인당 곡물 구입량을 제한하거나 ② 되팔기 위해 농산물을 구입할 경우 치안 판사에게 허락을 받아야 한다는 것 등을 그 대표적인 예로 들 수 있다.[280]

시장 규제는 중간 상인이나 중개인의 활동을 위축시킬 소지가 있었다. 따라서 활발한 교역이 이루어지기 위해서는 자연, 그러한 규제에서 벗어날 필요가 있었다. 그와 같은 통제에서 탈피하고자 하는 분위기는 1660년대 이후 잉글랜드에서 두드러졌다. 1663년 이후 시장에 출

278) Overton, *Agricultural revolution in England*, p.143.

279) D. Defoe, *The complete English tradesman: directing him in the several parts and progressions of trade, from his first entring upon business, to his leaving off, particularly with regard to diligence, over-trading, diversions ... with useful generals in trade, describing the principles and foundations of the home trade of Great-Britain: with tables of the British manufactures* (London: Printed for J. Rivington, 1745), vol. 2, p. 81.

280) 윌트셔(Wiltshire)에는 1564년 3월에 시장에 대한 규제가 마련되었다. 그 규정에는 일인당 곡물 구입량을 2부셸(bushel)로 제한했다; Overton, *Agricultural revolution in England*, pp.135~6.

하되기 전에 곡물을 구입하는 것을 제외한 나머지, 즉 시장에서 곡물을 구입하여 되팔거나 도매상에게 곡물을 구입하여 비쌀 때 팔려고 하는 행위가 인정된 것이다.[281] 이는 자유로운 거래를 하고자 하는 시대적 분위기를 당시 정부도 감지하고 있었음을 의미하는 것이다.

그러한 정부의 조치는 단속 완화와 규제 조치의 폐지에서 엿볼 수 있다. 맨체스터(Manchester)의 경우 1650~87년에 매 십년 동안 185건의 시장 규제 위반이 적발되었다. 그러나 1750년대에는 단속이 23건으로 대폭 줄었다. 그것도 대부분이 부정 식품에 대한 규제였다. 또한 하원은 1772년에 중간 상인이나 중개인에 대한 규제 법안을 폐지했다.[282] 이제 잉글랜드에서는 기근이나 경제적 불황이 닥친 경우를 제외하고는 농산물 거래에 대한 특별한 규제가 없게 된 셈이다.

## 2. 증가한 인구의 부양

### (1) 농산물의 수요 증가와 농업 생산성의 증대

18세기 잉글랜드의 인구 증가는 농산물의 수요 증가를 의미했다. 그러나 그것은 단순한 인구의 수적 변동만을 의미하지는 않는다. 사회의 구조적인 변화를 수반했기 때문이다. 그것은 도시 인구와 농촌에 거주하는 비농업 인구의 비율에서 확인할 수 있다. 먼저, 도시 인구의 비율부터 살펴보기로 하자. 근세 잉글랜드에 나타난 도시의 인

281) *ibid.*, p.145.

282) *ibid.*

구 증가는 대체로 다음과 같은 특징을 지니고 있었다. <표 Ⅳ-3>이 그것을 잘 나타낸다. 한마디로 17세기는 런던의 세기라 할 수 있다.[283] 그 세기가 끝나기 전에 런던은 유럽에서 가장 큰 도시가 되었으며, 유럽의 다른 중요 도시보다 더 빠른 인구 증가를 보였다.[284] 전체 인구의 1/10 혹은 그 이상이 런던에 살고 있었던 것이다.[285]

〈표 Ⅳ-3〉 1520~1801년 잉글랜드의 도시 인구(단위: 백만 명)[4)]

| 지역 \ 연대 | 1520년 | 1600년 | 1700년 | 1750년 | 1801년 |
|---|---|---|---|---|---|
| 런 던 | 0.055 | 0.200 | 0.575 | 0.675 | 0.960 |
| 전통 도시1) | 0.062 | 0.073 | 0.107 | 0.126 | 0.153 |
| 항구 도시2) | 0.038 | 0.053 | 0.128 | 0.128 | 0.190 |
| 공업 도시3) | 0.006 | 0.011 | 0.070 | 0.070 | 0.262 |
| 계 | 0.161 | 0.337 | 0.880 | 0.999 | 1.565 |

1) Norwich, York, Sailsbury, Chester, Worcester, Exter, Cambridge, Coventry, Shrewsbury, Gloucester.
2) Bristol, Hull, Colchester, Newcastle, Ipswich, Great Yarmouth, King's Lynn, Southampton
3) Birmingham, Manchester, Leeds, Sheffield
4) Wrigley, "Urban growth and agricultural change," in Rotberg and Rabb(eds.), *Population and economy*, p. 133.

---

283) 16세기 잉글랜드의 도시는 다른 유럽 국가와 비교하여 별다른 차이를 찾을 수 없다. 런던은 대도시였지만 유럽의 다른 곳과 비교하면 결코 더 큰 곳이 아니었다. 도시에 거주하는 인구는 적었으며, 런던 이외의 도시는 유럽의 도시와 비교하면 적은 규모였다; E. A. Wrigley, "Urban growth and agricultural change," in Robert I. Rotberg and Theodore K. Rabb(eds.), *Population and history from the traditional to the modern world* (Cambridge: Cambridge University Press, 1986), pp.125, 156.

284) 리글리는 17세기 런던의 인구를 1600년에는 200,000명, 1650년에는 400,000명 그리고 1700년에는 675,000명으로 추계했다; E. A. Wrigley, "A simple model of London's importance in changing English society and economy, 1650~1750," *Past and present*, 7 (1967), p. 44. 런던과 비교되는 파리의 인구는 1700년에 약 537,000명이었다; Wrigley, "Urban growth and agricultural change," in Rotberg and Rabb(eds.), *Population and economy*, p.158.

285) ① 잉글랜드 혁명 당시 20,000명 이상의 지방 도시가 없었던 상황에서 런던은 400,000명의 인구를 지니고 있었고 ② 국내 상공업은 물론 무역을 주도하고 있었으며 ③ 교육, 문화 시설이 집중되어 있었고 ④ 궁정이 위치하고 있었다. 따라서 런던이 어느 편을 지지하는가에 따라 혁명의 성패가 좌우될 수 있었다. 그러한 상황에서 1641년 12월에 실시된 시의원 선거는 과격파들이 시의회를 장악케 하여 런던이 의회파의 본거지가 되게 했다. 이것은 국왕에게는 정치적, 군사적 그리고 재정적 자원을 크게 잃는 것이고, 의화파에게는 승리의 전초전을 의미했다; 金峯基, "英國革命基의 런던市," 慶北大學校 大學院 文學碩士學位論文 (1985), pp. 7~18, 44.

그러나 18세기 도시의 인구 성장은 그 이전 시기와 달랐다. 많은 도시가 성장했다. 그러나 지역에 따른 뚜렷한 차이가 존재하고 있었다. 런던의 성장은 18세기에도 계속되었다. 그러나 그 속도는 전체 인구의 증가보다 약간 빨랐을 뿐이었다. 전통 도시도 다소 쇠퇴하는 모습을 보였다. <표 Ⅳ-3>과 <표 Ⅳ-4>에 나타난 것처럼 전통 도시 가운데 브리스틀(Bristol), 노리취(Norwich) 그리고 뉴캐슬(Newcastle)만이 10대 도시에 들어갈 뿐이었다.

〈표 Ⅳ-4〉 인구로 본 잉글랜드의 10대 도시(인구 단위: 천 명)[1]

| 1750년 | | | | | | 1801년 | | | | | |
|---|---|---|---|---|---|---|---|---|---|---|---|
| 순위 | 도시 | 인구 | 순위 | 도시 | 인구 | 순위 | 도시 | 인구 | 순위 | 도시 | 인구 |
| 1 | 런던 | 675 | 6 | 리버풀 | 22 | 1 | 런던 | 959 | 6 | 리즈 | 53 |
| 2 | 브리스틀 | 57 | 7 | 맨체스터 | 18 | 2 | 맨체스터 | 89 | 7 | 세필드 | 46 |
| 3 | 노르취 | 50 | 8 | 리즈 | 16 | 3 | 리버풀 | 83 | 8 | 플리머스 | 43 |
| 4 | 뉴카슬 | 29 | 9 | 엑시터 | 16 | 4 | 버밍엄 | 74 | 9 | 뉴카슬 | 42 |
| 5 | 버밍엄 | 24 | 10 | 플리머스 | 15 | 5 | 브리스틀 | 60 | 10 | 노르취 | 36 |

1) Richard Lawton and Colin G. Pooley, *Britain 1740~1959: an historical geography* (London: Edward Arnold, 1992), p. 93.

그러나 리버풀(Liverpool), 버밍엄 그리고 맨체스터는 달랐다. 비약적인 인구 증가를 보였기 때문이다. 이들 북부의 공업 도시들은 16세기에는 별다른 주목을 받지 못하고 있었다. 그러나 1801년, 이들 도시들은 런던을 제외한 나머지 도시 가운데 인구수에 있어서 3대 도시로 성장했다. 이는 그만큼 농산물 구매자가 증가했다는 것을 의미하는 것이다.

그러한 사실은 도시 인구와 농촌 거주자의 비율이 제시된 <표 Ⅳ-5>에서 확인할 수 있다. <표 Ⅳ-5>에 나타난 도시 인구와 전체 인구와의 비교를 통해 산출된 그것은 농산물 구매자의 비율이 증가하고 있음을 보여준다. 18세기에 잉글랜드의 도시 인구가 약 10.5% 증가했기 때문이다.

〈표 Ⅳ-5〉 1700~1801년 잉글랜드의 도시 및 농촌 거주자 비율

| 내용 \ 연대 | 1700 | 1750 | 1801 |
|---|---|---|---|
| 총인구(백만 명)[1] | 5.06 | 5.77 | 8.66 |
| 도시 인구(백만 명)[2] | 0.880 | 0.999 | 1.565 |
| 도시 인구 비율(%) | 17.0 | 21.0 | 27.5 |
| 농촌 인구 비율(%) | 83.0 | 79.0 | 72.5 |

[1] Wrigley and Schofield, *The population history of England*, pp. 208~9.
[2] 〈표 Ⅳ-3〉

그 다음 농촌에 거주하는 비농업 인구에 대해 살펴보기로 하자. 그것을 분석할 수 있는 자료는 다음의 세 가지이다. ① 1688년의 상황이 분석된 킹의 추계,[286] ② 1760년 1월의 내용이 담긴 매시(Joseph Massie)의 조사,[287] ③ 1803년의 사회 체계가 반영된 커훈(Patrick

286) Gregory King, *Natural and political observations and conclusions upon the state and conditions of England (1695)*. 그런데 킹은 그의 업적을 손수 출간하지는 못했다. ① 당시 그는 왕립 학술원의 회원이었던 그론트와 달리 별다른 명성을 얻지 못했으며 ② 그의 연구는 초고 상태로 연구 노트에 남겨져 있어 현실적으로도 출간이 어려웠고 ③ 사회 문제를 전체가 인식하여 개선하고자 하는 맬더스와 달리 국가에서 처리해야한다는 입장을 취하고 있었기 때문이다; Peter Laslett, "Gregory King, Robert Malthus and the origins of English social realism," *Population studies*, 39 (1985), pp. 351~62. 킹의 업적이 알려지는 데 중요한 역할을 한 사람은 데이브넌트였다. 그의 연구에 킹의 추계가 인용 · 소개되었던 것이다; C. Davenant, *An essay upon the probable methods of making a people gainers in the balance of trade* (London, 1699). 보다 상세한 내용은 Peter Laslett, "Natural and political observations on the population of late seventeenth-century England: reflections on the work of Gregory King and John Graunt," in Kevin Schurer and Tom Arkell(eds.), *Surveying the people: the interpretation and the use of document sources for the study of population in the later seventeenth century* (Shaftesbury: Blackmore Press, 1992), pp. 10~24 참조.

287) Joseph Massie, *A computation of the money that hath been exorbitantly raised upon the people of Great Britain by the sugar-planters, in one year, from January 1759 to January 1760; shewing how much money a family of each rank, degree, or class hath lost by that rapacious monopoly having*

Colquhoun)의 분석[288] 등이 바로 그것이다.

이들 세 가지 자료는 18세기 잉글랜드의 농업 인구를 다음과 같이 제시하고 있다. 전체 인구에서 농업 인구는 1688년에는 56%, 1760년에는 46% 그리고 1803년에는 34%를 점하고 있었다.[289] 정치 산술가들에 의해 작성된 이들 자료의 신뢰성은 이미 검토가 이루어졌고 일부 보완도 이루어졌다.[290] 따라서 일부 시간적 차이는 있지만 그것을 토대로 농촌에 거주하는 비농업 인구를 비교적 정확하게 추론할 수 있으리라 생각된다. 그와 같은 수치와 <표 Ⅳ-5>에 나타난 각 시기별 농촌 거주자를 대조하면 대체로 다음과 같은 추계할 수 있다. 대체로 18세기 초에는 27%, 중반에는 33% 그리고 말에는 38%가 농촌에 거주하는 비농업 인구였던 것이다.

그와 같은 추계는 대체로 다음과 같은 사실을 보여준다. 산업 혁명이 일어나기 이전인 18세기 초에도 잉글랜드 사회는 이미 농업에 의존하는 경제에서 상당 부분 탈피하고 있었다는 것이 바로 그것이다. 그 세기 초에도 도시 인구와 농촌 거주의 비농업 인구, 즉 농산물 구매층이 전체의 44%를 점한 사실이 그것을 뒷받침한다.[291] 그뿐만 아

---

*continued so long after I laid it open, in my state of the British sugar-colony trade, which was published last winter* (S.l: s.n, 1760).

288) Patrick Colquhoun, *A treatise on indigence : exhibiting a general view of the national resources for productive labour, with propositions for ameliorating the condition of the poor, and improving the moral habits and increasing the comforts of the labouring people, particularly the rising generation, by regulations of political economy, calculated to prevent poverty from descending into indigence, to produce sobriety and industry, to reduce the parochial rates of the kingdom, and generally to promote the happiness and security of the community at large, by the diminution of moral and penal offences, and the future prevention of crimes* (London: Printed for J. Hatchard, 1806).

289) Pater Mathis, *The transformation of England: essays in the economic and social history of England in the eighteenth century* (London: Methuen, 1979), p.189.

290) *ibid.*, pp.171~3.

291) 경제 발전 단계에서 인구의 80%가 농업에 종사하는 국가를 후진국, 그리고 농업에 고용된 인구가 15%가 되는 국가를 선진국으로 정의하기도 한다; Deane, *The first industrial revolution*, p.13.

니라 그 같은 추세는 시간이 지나면서 더욱 두드러졌다. 대체로 18세기 중반에는 전체 인구의 54% 그리고 그 세기 말에는 66%가 농산물 구매층이었던 것이다.[292)]

〈표 Ⅳ-6〉 16~8세기 잉글랜드와 프랑스의 도시와 농촌 거주 인구

| 잉글랜드 | | | | | 프랑스[1)] | | | | |
|---|---|---|---|---|---|---|---|---|---|
| 시기 (년) | 총인구 (백만) | 도 시 거주자 (%) | 농촌 거주자[2)] 농 업 인 구 (%) | 농촌 거주자[2)] 비농업 인 구 (%) | 시기 (년) | 총인구 (백만) | 도 시 거주자 (%) | 농촌 거주자 농 업 인 구 (%) | 농촌 거주자 비농업 인 구 (%) |
| 1700 | 5.06 | 17 | 56 | 27 | 1700 | 21.5 | 10.9 | 63.2 | 25.9 |
| 1750 | 5.77 | 21 | 46 | 33 | 1750 | 24.5 | 10.3 | 61.4 | 28.3 |
| 1801 | 8.66 | 27.5 | 34 | 38 | 1800 | 29.1 | 11.1 | 58.7 | 30.2 |

1) Wrigley, "Urban growth and agricultural change," in Rotberg and Rabb(eds.), *Population and economy*, p. 158을 바탕으로 재작성.
2) 1688년, 1760년 그리고 1803년 수치를 나타냄.

그러한 사실은 프랑스와 구별되는 현상이었다. <표 Ⅳ-6>이 그것을 잘 보여준다. 18세기 초의 경우 잉글랜드와 프랑스는 별다른 대조를 보이지는 않았다. 두 나라 사이에 약 7%의 편차만 나타났는 때문이다. 그러나 18세기 중반을 지나면서 상황은 달라지기 시작했다. 잉글랜드의 경우 도시 인구의 증가와 농업 인구의 감소가 계속되었다. 그러나 프랑스는 거의 변화가 없었다. 그러한 추세는 18세기 말에 더욱 두드러졌다. 당시 잉글랜드에서는 전체 인구의 3/4 정도가 농촌에 거

292) 18세기 말, 잉글랜드의 전체 인구 가운데 ① 29.7%가 제조업(수공업과 공장제 공업 포함)과 광업에 ② 11.2%가 상업과 운송업에 ③ 11.5%가 가사일과 사적인 고용에 11.5% ④ 11.8%가 공무원과 기타 직종에 고용되었다; Deane and Cole, *British economic growth*, p.142.

주하고 있었지만 농업에 종사하는 인구는 이전보다 그리 많지 않았다. 약 60%가 농업 인구였던 프랑스와 달리 잉글랜드의 경우 전체 인구의 약 1/3이 농업에 종사하고 있었기 때문이다.[293)]

그러나 당시 잉글랜드에서는 농업 인구의 감소가 나타나는 상황에서도 지역적인 문제는 있었지만 농산물 수급은 그리 문제가 되지 않았다. 농업 인구는 감소했지만, 오히려 영양 상태는 다른 지역보다 좋았다는 사실이 그것을 뒷받침한다.[294)]

그와 같은 농산물의 수요 충당은 농업 생산성의 증가가 주된 역할을 했다. 즉 수입이 차지하는 부분은 미약했다는 것이다. 농업 인구의 비중은 도리어 줄어들었음에도 불구하고 18세기 잉글랜드의 농업은 농산물의 대부분을 자급할 수 있었다. 최소한 18세기 중반까지 잉글랜드는 농산물을 수출하는 국가였으며,[295)] 인구가 급증한 18세기 말~19세기 초에도 전체 농산물의 5~10%만을 수입했기 때문이다.[296)]

그러한 사실은 프랑스와 구별되는 현상이라 할 수 있다. 잉글랜드

---

293) 그와 같은 사실은 딘과 코울의 추계에서도 뒷받침될 수 있다. 그들의 추계는 1851년에 실시된 센서스를 그 바탕으로 하였다. 거기에 기재된 이주자의 출생지 및 직업 구성과 연령별 인구 구조의 비교에서 1801년의 직업별 인구 비율이 복원 가능할 수 있기 때문이다. 그들의 추계는 그 시기 잉글랜드에서는 전체 인구의 64.1%가 농업 · 임업 · 수산업 이외의 직종에 종사하고 있었다는 사실을 제시한다. 여기서 당시 임업과 수산업이 경제사 연구에서 주목을 거의 받지 못한 사실을 고려하면, 35.9%의 인구 가운데 거의 대부분이 농업에 종사했다고 여겨진다; Deane and Cole, *British economic growth*, p.142.

294) 각주 141) 참조.

295) 딘과 코울의 추계는 18세기 중반까지 잉글랜드는 전체 농산물의 약 8%를 수출했다는 사실을 보여준다; Deane and Cole, *British economic growth*, p.65.

296) 존스(Eric L. Jones)는 1800년에 잉글랜드는 필요 농산물의 90%를 자급했다고 주장했다; E. L. Jones, "Agriculture 1700~80," in Roderick Floud and Donald McCloskey(eds.), *The economic history of Britain since 1700*, vol. 1: *1700-1860* (Cambridge: Cambridge University Press, 1981) p.68; 토마스(Brinley Thomas)도 ① 1814~16년에 영국의 중요 농산물의 수입은 전체 농산물의 약 6.4%에 해당하는 양이었으며 ② 수입 농산물의 70% 정도가 아일랜드에서 수입되었다는 사실을 제시했다; Brinley Thomas, "Escaping from constraints: the industrial revolution in a Malthusian context," in Robert I. Rotberg and Theodore K. Rabb(eds.), *Population and history from the traditional to the modern world* (Cambridge: Cambridge University Press, 1986), p.183.

의 경우 한 사람이 농사를 지어 그와 그의 가족 그리고 농업에 종사하지 않는 두 가족이 먹고살 수 있었다. 그러나 프랑스의 농업은 그의 가족과 다른 가족의 1/2을 부양할 수 있었을 뿐이었다.[297]

프랑스에 비해 4배 이상 높은 잉글랜드의 일 인당 농업 생산성은[298] 신대륙의 경우와도 구별된다. 신대륙의 경우, 비옥한 토지가 충분했기 때문에 생산성은 높은 수준을 보일 수 있었다.[299] 그러나 잉글랜드의 경우 비옥한 토지는 이미 오래 전부터 경작되고 있었으며 18세기에는 약간의 경작지만 새로이 확보되었을 따름이었다. 17세기 말에 29,000,000에이커였던[300] 경작지가 18세기 말에는 31,810,000에이커로 1세기 동안 7.3%의 증가를 보였을 뿐이었다.[301]

297) 18세기 프랑스 농업이 증가한 인구(1700년, 21.5백만 명→ 1800년, 29.1백만 명, 〈표 Ⅳ~6〉 참조)를 부양할 수 있었던 것은 농업 생산이 40% 정도 증가한 데서 비롯한 것이다; Le Roy Ladurie, "De la crise ultime á la vrai croissance," in G. Duby and Wallon(eds.), *Histoire de la France rurale*, vol. 2 (Parie, 1975), p.395 quoted in D. B. Grigg, *Population growth and agrarian change: an historical perspective* (Cambridge: Cambridge University Press, 1980), p.197. 라뒤리보다 약 15년 앞서 투탕(J. C. Toutain)에 의해 프랑스의 농업 생산이 18세기에 60% 정도 증가했다는 견해가 제기되었다; J. C. Toutain, *Le product de l'agriculture française de 1700 á 1958* (Paris: Cahier de l'ISEA, 1961), p. 261. 그러나 최근에는 그의 주장보다 라뒤리의 견해가 설득력 있게 수용되고 있다; Patrick Karl O'Brien, "Path dependency, or why Britain became an industrialized and urbanized economy long before France," *Economic history review*, 49 (1996), p. 216.

298)

〈18세기 잉글랜드 · 프랑스의 농업 생산성 변동〉[1]

| 시기 \ 국가 | 잉글랜드 | 프랑스 |
|---|---|---|
| 1700년 | 27.3% | 9.0% |
| 1750년 | 20.3% | 3.2% |
| 1800년 | 26.0% | 4.3% |

1) M. J .D. Daunton, *Progress and poverty: an economic and social history of Britain 1700~1850* (Oxford: Oxford University Press, 1995), p. 45.

299) E. A. Wrigley, "Society and the economy in the eighteenth century," in Lawrence Stone(ed.), *An imperial state at war: Britain from 1689~1815* (London: Routledge, 1993), p. 77.

300) M. Williams, "The enclosure and reclamation of wasteland in England and Wales in the eighteenth and nineteenth centuries," *Transactions of the institute of British geographer*, 51 (1970), pp. 55~69.

301) Jones, "Agriculture 1700~80," in Floud and McCloskey(eds.), *The economic history of Britain since 1700*, vol. 1, p. 70.

이처럼 경작 면적의 확대가 거의 없었던 상황에서 18세기 잉글랜드의 농업은 유럽 대륙에 비해 상당히 빠른 속도로 증가하는 인구를 약간의 수입만으로 부양할 수 있었다.302) 이는 그만큼 잉글랜드의 농업이 시장 수요에 효과적으로 대응하고 있었음을 시사하는 것이다. 잉글랜드의 농업이 1700년에는 전체 인구를 그리고 1800년에는 최소한 90%의 인구를 부양했다는 사실과 그 시기 경작지 면적을 고려하면, 1에이커당 생산되는 농산물로 1700년에는 0.18명을 그리고 1800년에는 0.26명을 부양할 수 있었다는 추계가 가능하기 때문이다.303)

〈표 Ⅳ-7〉 18세기 잉글랜드의 농업 노동 생산성[1)]

| 연 도 | 농업 인구(백만) | 노동 생산성 | 지수(1700=100) |
|---|---|---|---|
| 1670 | 3.01 | 1.65 | 89 |
| 1700 | 2.78 | 1.86 | 100 |
| 1750 | 2.64 | 2.34 | 126 |
| 1801 | 3.14 | 2.62 | 141 |
| 1831 | 3.38 | 3.45 | 185 |

1) M. Overton, "Land and labour productivity in English agriculture, 1650~1850," in Peter Mathias and John A. Davis(eds.), *The nature of industrialization, vol. 4: agriculture and industrialization; from the eighteenth century to the present day* (Oxford: Blackwell, 1996) p. 27.

그와 같은 계산, 즉 1에이커당 농업 생산성이 약 44% 증가했다는 것은 막연한 추계는 아니라고 할 수 있다. 18세기 초에 1에이커당 14

302) Wrigley, "The growth of population in eighteenth-century England," p.122; *idem*, "Society and the economy in the eighteenth century," in Stone(ed.), *An imperial state at war*, p. 77.

303) Jones, "Agriculture 1700~80," in Floud and McCloskey(eds.), *The economic history of Britain since 1700*, vol. Ⅰ, p. 70. 중세 잉글랜드의 경우 높은 농업 생산성을 때때로 거둘 수 있었다. 그것은 많은 노동력의 투입에서 비롯되었다. 이에 반해 근세 잉글랜드의 생산성 확대는 경작 면적당 생산성의 증가를 의미하는 바, 이는 유럽의 다른 국가에서는 거의 찾아 볼 수 없는 현상이었다; B. M. S. Campbell, "Agricultural progress in medieval England: some evidence from eastern Norfolk," *Economic history review*, 2nd ser., (1983), pp. 26~40; Wrigley, "Society and the economy in the eighteenth century," in Stone(ed.), *An imperial state at war*, p. 77.

부셸(bushel)정도였던 밀 생산이 18세기 말에는 약 20부셸로 증가했다는 것이 그것을 뒷받침한다.[304] 그러한 사실이 앞에서 추계한 1에이커당 농업 생산성의 증가와 비슷하기 때문이다.[305]

---

304) M. Overton, "Agricultural revolution? England, 1540~1850," in Digby and Feinstein(eds.), *New directions in economic and social history*, p.15. 18세기 잉글랜드의 농업 변화를 설명하는 과정에서 '농업 혁명'(the agricultural revolution)이라는 용어가 흔히 사용된다. 1912년에 언리(Lord Ernle)의 저작이 출간되면서 구체화된 그것은 잉글랜드의 농업은 1760년 이후 중세의 규제에서 탈피하게 되면서 비약적으로 발전했다는 것으로 요약할 수 있다. 즉 1760~1830년에 의회 인클로저(parliamentary enclosure), 순무(turnips)의 보급, 노퍽(Norfolk) 농법의 적용, 파종기와 같은 기계 사용 그리고 타운센드(Lord Townshend)나 털(Jethro Tull)로 대표되는 걸출한 인물들의 영향 등으로 인해 농업 생산성이 증대했는데 그것이 바로 농업 혁명이라는 것이다; Lord Ernle, *English farming: past and present* (London: Longamns Green, 3rd edn. 1922(1912)), pp. 148~223; J. V. Beckett, *The agricultural revolution* (Oxford: Basil Blackwell, 1990), pp. ix, 3. 언리의 견해는 후속 연구를 자극했다. 그 결과 농업 혁명의 시기나 내용에 대한 다양한 견해가 나타났다; 1960년대 이후 농업 혁명의 시기에 대해 대체로 다음의 세 가지 견해가 제시되었다. ① 1750~1850년, ② 1650~1750년, ③ 1560~1767년, 특히 1673년 이전이 바로 그것이다. ① 1750~1850년의 농업 혁명론은 1966년에 체임버스(J. D. Chambers)와 민게이(G. E. Mingay)에 의해 제기되었다. 그들의 견해는 다음과 같이 요약할 수 있다. ⓐ 사료 작물, 특히 클로버와 순무가 재배되어 휴경지가 없어지고 그 작물들이 토양에 질소를 공급해주면서, 이전에 비해 더 많은 가축을 사육할 수 있었고 또한 그로 인해 더 많은 비료를 공급할 수 있었으며 ⓑ 가축의 선별적 사육으로 가축의 크기와 형태의 변화가 생기고 ⓒ 1830~40년대에 기계가 널리 보급되기 시작하고 ⓓ 1830년대 이후 사료와 화학 비료가 수입·사용되었으며 ⓔ 점토질의 토지에 관개 설비가 되어 1850년에는 1750년에 비해 650만 명을 추가로 부양할 수 있었다는 것이 바로 그것이다; J. D. Chambers and G. E. Mingay, *The agricultural revolution, 1750~1880* (London: Blastford, 1965). ② 1650~1750년의 농업 혁명론은 존(A. H. John)과 존스(E. L. Jones)에 의해 제기되었다. 특히 존스는 1650년 이후 인구 증가가 정체되면서 체임버스와 민게이처럼 ⓐ 이전보다 더 많은 가축이 사육되고 ⓑ 순무와 클로버와 같은 사료 작물이 재배되어 ⓒ 그 결과 곡물 생산성이 증대되어 곡물을 수출할 수 있었다고 주장했다. 그러나 그는 그것을 농업 혁명이라고 표현하지는 않았다; E. L. Jones, "Agricultural and economic growth in England, 1660~1750: agricultural change," *Journal of economic history*, 25 (1965), pp.1~18. ③ 1560~1767년의 농업 혁명론은 켈리지(E. Kerridge)에 의해 제기되었다. 그는 곡초식 윤작 농업(up and down husbandry 혹은 convertible or ley husbandry)이 도입되어 ⓐ 항구적인 초지와 경작지의 구별이 없어지고 ⓑ 초지와 경작지가 순환되어 ⓒ 그 결과 생산성이 증대되어 1550~1750년에 2배 정도 증가한 인구를 부양할 수 있었다고 주장했다; Eric Kerridge, *The agricultural revolution* (London: Allen and Unwin, 1967). 그러나 그것이 정확한 역사상의 복원을 의미하는 것은 결코 아니다. 심지어 농업 생산성이 향상된 시점조차 혼동되고 있는 실정이다; 김호연, '농업 혁명론의 쟁점들–생산성 향상을 중심으로–', 『울산대학교 인문논총』 제12집 (1997), p.13. ① 화학 비료, 사료용 깻묵 그리고 새로운 농업 기계가 사용되기 시작하는 19세기 전반 이전까지 잉글랜드의 농업에는 별다른 기술적 발전이 없었으며(F. M. L. Thompson, "The second agricultural revolution, 1815~1880," *Economic history review*, 2nd ser., 21 (1968~9), pp. 62~77; Grigg, *Population growth and agrarian change*: pp.181~2) ② 18세기 영국의 농업 발전은 그 이전 시기와 단절되는 현상이 아니라 보편적인 성장으로, 그 시기에 농업 혁명이라고 칭할 어떤 시점을 설정하기가 어렵다는 견해를 그 대표적인 경우로 들 수 있다(Jones, "Agriculture 1700~80," in Floud and McCloskey(eds.), *The economic history of Britain since 1700*, vol. 1, p. 61). 잉글랜드의 농업 혁명(들)에 관한 연구사적 정리는 Tom Williamson, *The transformation of rural England: farming and the landscape, 1700~1870* (Exeter: University of Exeter Press, 2002), pp.1~27 참조.

305) 그러한 연구의 대표적인 예로는 M. Overton, "Estimating crop yields from probate inventories: an

## (2) 혼합 농업에서 곡물 농업으로

그렇다면 18세기 잉글랜드의 농업은 증가한 수요를 충당하기 위해 어떠한 농업이 추구되었을까? 잉글랜드의 농업 경영에 있어서 주목받는 지역은 동남부 지역이다. 해당 지역은 대체로 척박한 산간 지대로 목축이 계속 추구된 서북부와 달랐다. 대체로 평저 지대였다. 때문에 토지의 가변성이 높은 동남부 지역은 경영 여건에 따라 다양한 농업이 추구될 수 있었다.[306)]

잉글랜드의 농업의 경영 변화를 고찰함에 있어서 주목할 만한 사실은 18세기 중반을 전후로 하여 곡물의 수요 변화가 있있다는 것이다. <표 Ⅳ-8>이 그것을 뒷받침한다. 가격 추이가 수요 변동을 나타낸다는 것을 염두에 두고 표를 보면 18세기 중반 이후 곡물 수요가 늘기 시작했다는 것을 이해할 수 있기 때문이다.

---

example from cast Anglia, 1585~1735," *Journal of economic history*, 39 (1979), pp. 368~78와 M. Truner, "Agricultural productivity in England in the eighteenth century: evidence from crop yields," *Economic history review*, 2nd Ser., 35 (1982), pp. 489~510 등을 들 수 있다.

306) 잉글랜드의 농업 지역은 크게 두 가지로 구분할 수 있다. 동북부의 노섬벌랜드(Northumberland)에 위치한 티스머스(Teesmouth)에서 페나인 산맥(Pennine Mts.)을 따라 도싯셔(Dorsetshire)의 웨이머스(Weymouth)에 이르는 선을 기준으로 삼을 수 있다. 그것은 바탕으로 서북부 지역의 산간 지대(산림 · 목축 지대(wood-pasture region))와 동남부 지역의 평저 지대(목양 · 곡물 지대(sheep-corn region))로 나눌 수 있기 때문이다: Joan Thirsk, *England's agricultural regions and agrarian history, 1500~1750* (London: Macmillan, 1987), p.12.

〈표 Ⅳ-8〉 1695~1805년 잉글랜드의 밀 가격 변동[1)]

(1700/1=100)

| 연도 | 가격 지수 | 연도 | 가격 지수 |
|---|---|---|---|
| 1695~1705 | 122 | 1750~1760 | 101 |
| 1700~1710 | 105 | 1760~1770 | 117 |
| 1710~1720 | 109 | 1770~1780 | 136 |
| 1720~1730 | 99 | 1780~1790 | 142 |
| 1730~1740 | 84 | 1790~1800 | 196 |
| 1740~1750 | 84 | 1795~1805 | 250 |

1) Deane and Cole, *British economic growth*, p. 91.

시장 지향성 농업이 추구되고 있던 당시 상황에서 그와 같은 곡물 가격의 추이는 농업의 경영에도 많은 영향을 미칠 수 있었다. 토지의 가변성이 높은 잉글랜드의 동남부 지역에서 18세기 중반을 기점으로 약간의 예외는 있을 수 있지만 대체로 다음과 같은 농업 경영이 이루어진 것을 확인할 수 있다. ① 18세기 중반 이전에는 호프, 아마 그리고 대마 재배와 같은 특수 농업이나[307)] 곡물 경작과 가축 사육을 함께하는 이른바 혼합 농업(mixed farming)이 추구되었으며[308)] ② 18세기 중반 이후에는 곡물 농업이 전개된 것이 바로 그것이다.

특수 작물의 재배나 혼합 농업은 대체로 17세기 중반 이후 추구되었다. 그와 같은 농업 경영이 나타난 원인은 크게 두 가지로 나누어 볼 수 있다. 먼저, 그 이전 시기와 달리 목양 사육이 시들해지게 된 것을 들 수 있다. ① 비록 실패하기는 했지만 양모 수출이 다른 국가의 섬유 산업을 발전케 한다는 우려에서 1614년에 취해진 양모 수출

307) Joan Thirsk, "Changing attitudes to enclosure in the seventeenth century," 吳主煥外(共著), 『革命 · 思想 · 社會變動』 (대구: 경북대학교 출판부, 1991), p. 538.

308) Thirsk, *England's agricultural regions and agrarian history*, p. 12; Beckett, *The agricultural revolution*, pp. 21~2.

금지가 목양 사육의 의욕을 감소시켰으며[309] ② 스페인의 양모가 잉글랜드의 그것보다 가격 경쟁력을 지님과 동시에 린넨 그리고 면이 새로운 원료로 사용되면서 목양 사육이 더 이상 경제성을 지닐 수 없었기 때문이다.[310]

그 다음으로 1650~1750년의 인구 동태를 들 수 있다. 그것은 당시 농업 경영자들을 더욱 어렵게 만들었다고 볼 수 있다. 그 이전과 달리 1650~1750년에는 비교적 낮은 인구 증가율을 나타냈기 때문이다. 그 결과 농업 경영자들은 두 가지 문제에 직면하게 되었다. ① 곡물 수요의 감소와[311] ② 임금 상승 등이 바로 그것이다.[312]

바로 그러한 상황에서 농업 경영자들은 새로운 조치를 강구할 수밖에 없었다. 새로운 경영을 모색하는 당시의 시대적 분위기는 일련의 법적 조치로 이어졌다. 먼저, 1656년 11월에 맥주의 수출을 허용하는 법안이 통과된 것을 들 수 있다. 그것은 음식물의 교역을 촉진하기 위해 제정된 것이다. 그 결과 맥주 산업은 성장하기 시작했고 호프에 대한 수요는 자연, 증가하게 되었다. 1711년에 현물로 납부하던 잉글랜드의 호프에 대한 세금을 1파운드당 1펜스의 금전으로 받는 조치가 시행된 사실이 호프 재배가 성행하고 있었음을 잘 나타낸다.[313] 그와 같은 사실은 당시 사람들의 언급에서도 확인된다. 1736

309) Joan Thirsk, "Agricultural policy: public debate and legislation 1640~1750," in Joan Thirsk(ed.), *Chapters from the agrarian history of England and Wales, 1500~1750*, vol.3, *Agricultural change: policy and practice* (Cambridge: Cambridge University Press, 1990), pp.190~1.

310) Thirsk, *England's agricultural regions and agrarian history*, p.19.

311) Chambers, *Population, economy, and society in pre-industrial England*, p.16.

312) 본서 p. 128 참조.

313) Thirsk, "Agricultural policy," in Thirsk(ed.), *Chapters from the agrarian history*, vol.3, *agricultural change*, p.171.

년에 서섹스 사람, 풀러(John Fuller)가 "이제 든 사람들은 호프를 재배하고 싶어 한다"고 말한 것이 당시 분위기를 잘 묘사한다.[314)]

둘째, 1690년부터 외국산 린넨에 관세를 부과한 것을 들 수 있다. 그것의 목적은 린넨의 수입을 억제하고 전쟁 비용의 조달을 위한 것이었다. 그 뒤 관세는 계속 증가했다. 그 결과 1714년에는 50% 이상의 세율이 적용되었다.[315)] 그러한 상황은 아마와 대마의 재배를 촉진했을 뿐만 아니라 경작 면적을 확대시켰다. 잉글랜드의 곡초지 가운데 약 10%가 그와 같은 작물을 재배했을 것이라는 추정이[316)] 그것을 뒷받침한다.

셋째, 이른바 "아일랜드 가축법'(Irish cattle act)의 제정을 들 수 있다. 잉글랜드에서는 17세기 초부터 아일랜드의 가축 수출을 규제하려는 시도가 수차 시도되었다. 그것의 취지는 아일랜드에서 사육된 소와 양의 수입을 금지함으로써 잉글랜드의 가축 사육을 보호하자는 것이었다.[317)] 그와 같은 분위기는 다음에서 잘 나타난다.

> 불행하게도 아일랜드의 가축은 잉글랜드 서북부 지역과 웨일스의 목축업자들에게 자신들의 보다 비싸고 보다 양질의 가축에 대한 싸구려 경쟁품으로 여겨졌다. 그리고 잉글랜드 어디서나 지주들이 지대 수입이 ... 하락하는 것을 염려하여 그 탓을 "외국 가축"에 돌리면서 의회에서 정치적 힘이 증대되고 있음을 인식하여 아일랜드의 가축 수출을 규제하고 나아가 중지시키려고 압력을 행사했다.[318)]

---

314) ibid., p.170.

315) ibid., pp.167~8.

316) Overton, *Agricultural revolution in England*, p. 90.

317) Thirsk, "Agricultural policy," in Thirsk(ed.), *Chapters from the agrarian history*, vol. 3, *agricultural change*, p.178.

318) C. A. Edile, "The Irish cattle bills: a study in restoration politics," *Transactions of the American philosophical society*, 60 (1970), p. 5. 李泰淑, "아일랜드와 영국의 중상주의, 1600~1700," 慶熙史學

그러한 상황이 1667년의 아일랜드 가축법으로 나타난 것이다. 그 법은 소, 양, 돼지, 쇠고기, 돼지고기 그리고 베이컨의 수입 금지를 골자로 했다. 그뿐만 아니라 아일랜드 가축법은 1681년에 새로이 제정되어 버터, 치즈 그리고 양고기까지 수입을 금지하기에 이르렀다.[319)]

〈표 Ⅳ-9〉 1720~1780년 인구 증가율, 밀 가격 그리고 인클로저 법령 수[1)]

| 시 기 / 내 용 | 1720~30년 | 1730~40년 | 1740~50년 | 1750~60년 | 1760~70년 | 1770~80년 |
|---|---|---|---|---|---|---|
| 인구 증가율 | -0.7% | 0.8% | 4.0% | 6.6% | 6.8% | 6.4% |
| 밀 가격 (1700/1=100) | 99 | 84 | 84 | 101 | 117 | 136 |
| 인클로저 법령수 | 25 | 39 | 36 | 137 | 385 | 660 |

1) Chambers and Mingay, *The agricultural revolution*, p. 205.

이처럼 17세기 중반 이후 잉글랜드의 농업은 대체로 곡물 경작보다 혼합 농업이 그 주류를 이루었다. 거기에 특수 작물의 경작이 일부 추구되었다. 농산물의 수요, 임금 수준 그리고 곡물 가격 등이 고려되었기 때문이다. 바로 그러한 상황이 대체로 18세기 중반 이후 달

第十八輯 (1993), pp. 306~9에서 재인용.

319) 1785년에 폐지되었다; 李泰淑, "아일랜드와 영국의 중상주의, 1600~1700," pp. 306~9. 동남부 지역의 이익을 위해 처음 제기된 아일랜드 가축법은 오히려 스코틀랜드를 포함한 잉글랜드의 서북부 지역에 더 많은 이익이 돌아가게 되었고 평가되기도 한다. 사실 곡물과 같은 작물은 운송해야 하기 때문에 교통 여건에 따라 구매와 소비 시장이 제한될 수 있다. 그러나 가축 시장은 달랐다. 가축은 걸을 수 있다. 그렇기 때문에 잉글랜드의 경우 17세기에 이미 전국적 범위의 가축 시장이 형성될 수 있었다; Overton, *Agricultural revolution in England*, p.139. 바로 그러한 상황과 더불어 해당 지역 의원들의 노력으로 서북부는 다른 지역에 비해 비교적 저렴한 세금이 부과되었다. 그 지역의 가축 사육은 자연, 경쟁력을 지닐 수 있게 되었다. 아일랜드 가축법이 북서부 지역에는 득이 되었지만 "잉글랜드의 나머지 지역에서는 해가 되었다'는 데이브넨트의 1695년 언급이 당시 상황을 잘 나타낸다; Thirsk, "Agricultural policy," in Thirsk(ed.), *Chapters from the agrarian history*, vol. 3, *agricultural change*, p.182. 그러나 아일랜드 가축법이 북서부 지역에만 전적으로 유리하게 작용한 것으로 보기에는 무제가 있다. 치즈, 버터 그리고 양고기까지 수입을 금지하는 1681년의 법으로 인해 잉글랜드에서 치즈와 같은 낙농업 제품의 공급이 줄 수 있기 때문이다. 1737년에 의회에서 치즈 무역을 장려하기 위한 법안 심의를 위한 위원회에 동남부 지역이 배제되지 않은 사실이 그것을 뒷받침한다; ibid., p.190.

라지기 시작했다. 그 이전 시기에 비해 높은 인구 증가율이 나타났기 때문이다. 그러나 당시 잉글랜드의 농업 생산성은 인구 증가의 추세와 달리 18세기 후반부에는 전반부보다 낮은 성장을 보였다.320) 그 결과 <표 Ⅳ-9>에 나타나는 것처럼 곡물 가격은 상승하게 되었다.

1750~1790년의 곡물 가격은 대체로 다음과 같은 변화를 보였다. 밀의 경우 1750년경에 1쿼터(quarter)당 26~36s이었다. 그러나 1780년대 말이면 밀 가격은 45~60s으로 상승했다. 즉 약 40년 동안 약 50~75% 상승한 셈이다. 보리와 귀리도 거의 비슷한 양상을 보였다. 반면 쇠고기와 양고기는 같은 기간에 약 25%의 상승에 그쳤다. 곡물 경작이 목축보다 경제적으로 유리하게 된 것이다.321)

그와 같은 상황과 관련하여 버커셔(Berkshire)의 목사였던 데이비스(David Davis)는 보다 구체적인 언급을 남겼다. 1795년에 그는 당시 농업 노동자들이 밀빵을 먹을 수밖에 없었던 상황을 다음과 같이 설명했다. ① 이전 시기의 보편적 작물이었던 귀리와 보리를 밀이 대신함에 따라 ② 차지농의 관심이 지대를 감당하기 위한 경제성이 있는 작물, 즉 밀 경작에 집중되었다는 것이 바로 그것이다.322)

그것은 <표 Ⅳ-9>의 내용, 즉 18세기 중반 이후에 인클로저의 수적 증가가 나타난 배경을 보다 분명히 한다.323) 목축보다 경제적으로 유

---

320) 크래프트(N. F. R. Craft)는 1700~1760년의 농업 생산이 매 십 년 마다 6%의 증가를 보인 반면 1760~1800년에는 매 십 년 마다 4.4% 증가했다고 추산했다; N. F. R. Craft, *British economic growth during the industrial revolution* (Oxtord: Clarendon Press, 1985), p. 42; Overton, "Agricultural revolution?," in Digby and Feinstein(eds.), *New directions in economic and social history*, p.15.

321) Chambers and Mingay, *The agricultural revolution*, p.111.

322) David Davies, *The case of labourers in husbandry stated and considered with an appendix containing a collection of accounts, shewing the earning and expenses of labouring families in different parts of the kingdom* (New York: Sentry Press, repr., 1974(1795)), p. 32.

323) 인클로저는 토지의 효율적 이용이라는 명분이 있었지만, 빈민을 축출한다는 비판도 함께했다. 그러나 17세기 중반 이후 인구 증가가 정체되면서 인클로저를 옹호하는 분위기가 고조되었다. 1727년에 출간된

리해진 곡물 경작에 적합한 토지의 사용이 추구되었기 때문이다. 사실, 인클로저에 대한 우호적인 분위기는 농지를 대규모로 이용할 경우 토지의 개량은 물론 새로운 농기구 및 농법 등이 사용되면서 농업 생산성이 증진될 것이라는 기대에 그 바탕을 두었다.[324] 그것은 당시 농업 전문가들에게 상당한 공감을 얻었다. 영(A. Young)의 경우가 대표적인 예라 할 수 있다. ① 생산력을 높이기 위해서는 농업에서 쟁기질, 호미질 그리고 파종과 같은 분업이 절실한데 ② 그것이 오직 대규모 농장에서만 가능하다는 것이 바로 그것이다.[325] 바로 그러한 기대감이 인클로저의 수적 증가로 이어졌던 것이다.

이처럼 18세기 중반 이후 잉글랜드의 남동부 지역은 곡물 경작이라는 농업의 경영 변화가 나타났다. 차지농이 보다 수익성 있는 농업 경영을 위해 밀 경작에 집중할 수밖에 없었기 때문이다. 그 결과 1801년 동남부 지역의 대부분이 곡물, 특히 밀 특화 지대로 자리 잡게 되었다. <도표 Ⅳ-1>이 그것을 보여준다.

---

한 저작의 언급은 지주나 차지농이 인클로저에 대해 상당히 우호적이었음을 보여 준다. ① 주변의 자유 토지 보유농 가운데 토지를 팔 생각이 있는 사람을 잘 조사하여 대지주가 해당 토지를 적정한 가격에 매입할 수 있게 하고 ② 국가적으로 이익이 되지 못하는 공유지 역시 대지주가 인클로저를 할 수 있도록 토지 관리인이 최대한의 노력을 경주할 것을 촉구했기 때문이다; Edward Lawrence, *The duty and office of a land steward: represented under several plain and distinct articles, wherein may be seen the indirect practices of several stewards, tending to lessen, and the several methods likely to improve their lords estates: to which is added, an appendix, shewing the way to plenty, proposed to the farmers: wherein are laid down general rules and directions for the management and improvement of a farm* (Dublin: Printed by and for Samuel Fuller, 3rd edn., 1731(1727)), p. 25.

324) Hasbach, *A history of the English agricultural labourer*, p. 160.

325) 宋錫權, "英國 救貧制度의 發展過程 硏究: 新·舊 救貧法의 통합적 이해를 중심으로," 忠南大學校 大學院 文學博士學位論文(1997), pp.112~3.

〈도표 Ⅳ-1〉 1801년 잉글랜드의 지역별 주곡[1)]

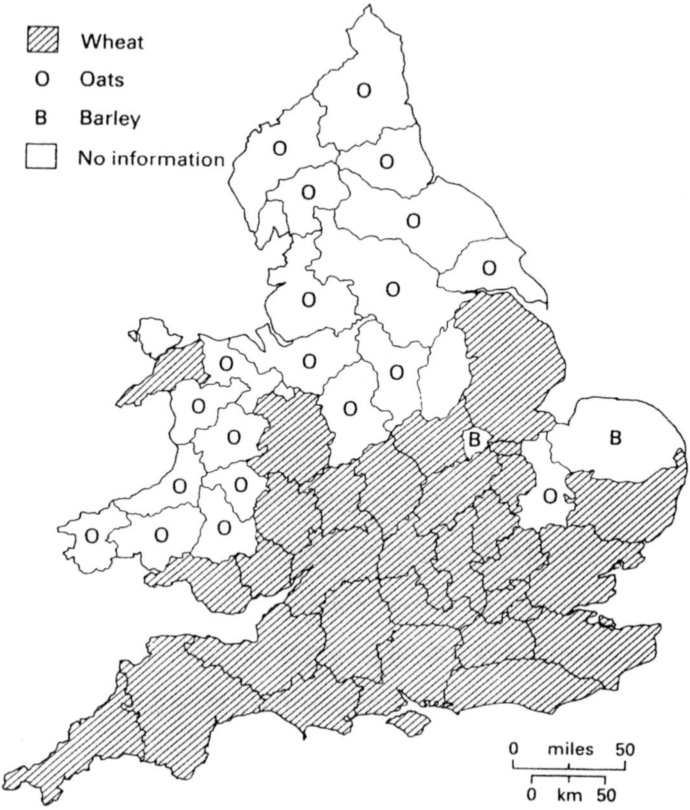


1) Hugh C. Prince, "The change rural landscape, 1750~1850," in G. E. Mingay(eds.), *The agrarian history of England and Wales, 1750~1850* vol.Ⅵ: (Cambridge: Cambridge University Press, 1989), p.39.

# V. 농업 사회의 좌절

18세기 잉글랜드의 인구 증가는 농업의 경영 변화로 이어졌다. 혼합 농업에서 곡물 농업으로의 이행이 바로 그것이다. 밀 경작으로의 전환은 일단 성공적이었다. 당시 잉글랜드의 농업이 증가한 인구를 약간의 수입만으로도 충분히 부양할 수 있었기 때문이다.

18세기 잉글랜드의 농업 경영 변화는 결코 밀 특화 현상만은 아니었다. 당장 그것은 고용 구조에 영향을 미칠 수 있었다. 사실, 밀 농사와 목축은 서로 상이한 리듬을 가지고 있다. 밀 농사의 경우 농번기는 파종과 추수 시기이다. 그러나 목축의 경우 새끼의 분만 시기뿐만 아니라 관리를 위한 지속적인 노동력이 필요하다. 다시 말하면 혼합 농업과 곡물 농업은 고용 구조가 상이할 수 있다는 것이다.

그렇다면 18세기 잉글랜드의 농업에 나타난 경영 변화는 고용 구조에 어떠한 변화를 가져왔을까? 또한 그것은 당시 농업 사회에 어떠한 영향을 미쳤을까? 그 과정에 어떠한 문제가 생겼을까?

## 1. 저압 체제의 동요

### (1) 서번트에서 노동자 고용으로

18세기 잉글랜드 사회에서 농업에 고용된 인력의 구성은 크게 두 가지로 나누어 볼 수 있다. 서번트와 노동자가 바로 그것이다. 그러한 사실은 도오싯(Dorcet)과 노섬벌랜드(Northamberland) 지역에 나타난 농장의 고용 인력에 관한 영의 조사에서 확인할 수 있다. 1770년 무렵의 상황이 나타나 있는 그의 조사는 그들 지역의 경우 전체 고용 인력 2,883명 가운데 서번트가 약 51%, 즉 1,482명이었다는 사실을 보여주고 있다.[326] 물론 지역이나 경영에 따라 그들의 고용이 다르게 나타날 수 있겠지만 영의 조사는 서번트와 노동자가 당시 잉글랜드의 농업에 중요한 노동력이었음을 분명히 하고 있다.

그러나 서번트의 고용은 늘 일정한 것은 아니었다. 시기에 따라 다른 모습을 보였기 때문이다. 그것은 몇 개의 『거주자 명부』를 토대로 작성된 1705~1800년의 서번트와 노동자의 비율이 제시된 <표 Ⅴ-1>에서 확인될 수 있다.

<표 Ⅴ-1>은 특정한 지역 교회의 영역에 나타난 일관된 변동 추이는 아니다. 그뿐만 아니라 가구주만을 그 대상으로 했기 때문에[327] 노동자의 비율이 과소평가될 수 있었다. 그러나 그 지역이 대체로 잉글랜드의 동남부로 한정되었다는 것과 18세기 중반 이후의 더욱 높

326) A. Young, *A six months tour through the north of England: containing, an account of the present state of agriculture, manufactures and population, in several counties of this kingdom*, vol. 4 (London: Printed for W. Strahan, 1770), pp. 385~95.

327) Kussmaul, *Servants in husbandry in early modern England*, p. 14

아진 인구 증가율을 고려하면 비록 정확하지는 않지만 시기에 따른 서번트와 노동자 고용의 변화 추이를 어느 정도 이해할 수 있으리라 생각한다.

〈표 V-1〉 1705~1800년 서번트와 노동자 비율[1)]

| 시 기 | 지 역 | 서번트 | 노동자 |
| --- | --- | --- | --- |
| 1705년 | Adisham, Kent | 22% | 5.6% |
| 1752년 | Fforthampton & Swinley, Gloucs. | 15% | 7.6% |
| 1777년 | Carlton Rode, Norfolk | 6% | 5.0% |
| 1790년 | Corfe Castle, Dorset | 5% | 11.2% |
| 1796년 | Ardleigh, Essex | 6% | 8.4% |
| 1800년 | Melbury Osmond, Dorset | 1% | 9.5% |

1) Kussmaul, *Servants in husbandry in early modern England*, pp.12~3을 바탕으로 재작성.

그와 같은 사실을 고려하여 <표 V-1>을 살펴보면 대체로 다음의 내용을 추론할 수 있다. 적어도 남부 지역의 경우 18세기 중반을 기점으로 농업에의 고용이 달라지기 시작했다는 것이 바로 그것이다. 즉 18세기 중반 이후 서번트보다 노동자의 비중이 높아졌던 것이다.

동남부 지역에 서번트 고용의 감소는 해당 지역의 지형적 특성과 밀접한 관계가 있다. 잉글랜드의 농업 지역은 크게 두 가지로 구분할 수 있다. 서북부 지역(목축지)과 동남부 지역(곡물 경작지)이 바로 그것이다.[328)] 서북부 지역은 대체로 토지가 척박한 산간 지대였다. 동남부 지역과 달리 목축이 계속 추구된 것도 그 때문이었다.[329)] 목축

328) Thirsk, *England's agricultural regions and agrarian history*, p.12.

329) *ibid.*

은 곡물 농업과 비교하여 노동력의 필요에서 두 가지 특징을 지니고 있다. ① 요구되는 노동력은 비교적 적지만 ② 그것의 공급은 안정적이어야 한다는 것이다.

그러나 잉글랜드의 목축 지역은 비록 소규모였지만 필요로 하는 노동력을 충분히 확보할 수 없었다. 다른 지역에 비해 인구 밀도가 희박했기 때문이다. 19세기 초에도 그 지역의 고용 노동력 가운데 서번트가 차지하는 비율이 다른 지역에 비해 높게 나타난 것도 그와 같은 배경에서 비롯되었던 것이다.[330)]

이처럼 서번트의 고용은 지역에 따라 차이가 나타날 수 있었다. 1831년에 행해진 센서스에서 그것을 확인할 수 있다. 당시 잉글랜드의 토지 소유자 236,343명 가운데 64%가 농업의 경영을 위해 가족 이외의 노동력을 필요로 하고 있었다.[331)] 그러나 그것은 잉글랜드의 전체 상황이었다. 별도의 노동력을 필요로 하지 않은 토지 소유자들이 50% 이상을 점하는 지역도 있었다. 그와 같은 지역의 대표적인 경우로 더비셔(Derbyshire), 웨스트모얼런드(Westmorland) 그리고 요크셔의 서부 등을 들 수 있다. 여기서 주목할 만한 사실은 이들 지역에서 별도의 고용이 이루어졌을 경우 서번트를 선호했다는 것이다. 1831년에 잉글랜드에서 서번트가 농업에 필요한 노동력의 31%를 점하고 있었던 반면 그 지역에서는 45% 이상을 차지하고 있었던 것이다.[332)] 이는 앞에서 제시한 목축 지역의 특성을 뒷받침하는 것이다.

그러나 동남부 지역은 목축 지역과 달랐다. 이들 지역은 다른 지역

330) Hill, *Women, work, and sexual politics in eighteenth-century England*, p. 84.

331) Overton, *Agricultural revolution in England*, pp.178~9.

332) *ibid.*, p.179.

에 비해 토지의 이용 방법을 비교적 쉽게 바꿀 수 있었다. 대체로 평저 지대였기 때문이다. 목양 사육이 유리할 때 농지가 목초지로 전환될 수 있었던 것도 그와 같은 배경에서 비롯된 것이다. 목양 사육을 위해 행해진 인클로저에 대항한 17세기 초의 반란이 토지의 용도를 쉽게 바꿀 수 있는 지역에서 발발한 사실이 그것을 뒷받침한다.333)

그러한 관점에서 토지의 가변적 이용이 이루어진 동남부 지역의 혼인 시기 변동에 시선이 모아지게 된다. 농업 경영이 변하게 되면서 서번트의 고용뿐만 아니라 혼인 시기도 달라질 수 있기 때문이다. 따라서 계약 기간이 마감된 직후, 즉 10월에 행해진 혼인 빈도를 조사하면 서번트 고용의 실태를 어느 정도 추론할 수 있을 것 같다.334)

<도표 V-1>은 1550~1830년 잉글랜드의 동남부에 위치한 56개 지역 교회의 영역에 나타난 10월 혼인의 추세를 잉글랜드의 전체 상황과 비교한 것이다. 도표는 세 가지의 10월 혼인의 변동 추세를 보여준다. ① 16세기 중반~17세기 중반의 감소기, ② 17세기 중반~18세기 중반의 증가기, ③ 18세기 중반 이후의 감소기가 그것이다. <도표 V~1>에 나타난 10월 혼인 변동은 18세기에 서번트 고용이 시기에 따라 다른 모습을 보였다는 것을 보다 분명히 한다. 즉 18세기 중반 이전에는 서번트 고용이 활발했던 반면 그 이후에는 감소했다는 것이다. 이는 앞에서 제시된 사실, 즉 1750년 이후 그들의 고용이 감소

333) Thirsk, "Changing attitude to enclosure in the seventeenth century," in 吳主煥外(共著), 『革命, 思想, 社會變動』, pp. 519~20.

334) 『지역 교회의 등록 대장』의 분석을 통해 제시된 농업 지역의 혼인 시기는 다음의 두 가지로 나누어 볼 수 있다. ① 주로 가을에 혼인하는 곡물 농업 지역 ② 봄 혹은 여름에 혼인하는 목축 지역이 그것이다; Ann Kussmaul, "Time and space, hoofs and gain: the seasonality of marriage in England" in Robert I. Rotberg and Theodore K. Rabb(eds.), *Population and economy: population and history from the traditional to the modern world* (Cambridge: Cambridge University Press, 1986), p.196.

〈도표 Ⅴ-1〉 1550~1830년 10월 혼인 빈도의 변화[1)]

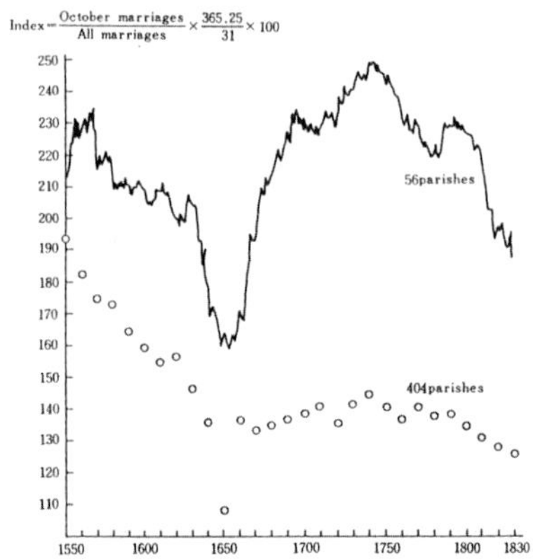


1) Kussmaul, *Servants in husbandry in early modern England*, p. 98.

했다는 것을 뒷받침하는 것이다. 시기적인 차이는 다소 있지만 1831년 센서스에서 그 지역에서의 고용이 노동자 중심으로 행해진 사실도 염두에 둘 만하다.335)

이처럼 18세기 중반 이후 서번트의 고용에는 중요한 변화가 나타났다. 17세기 중반~18세기 중반의 경우 목축을 함께하는 혼합 농업이 추구되는 상황에서 입주 노동력인 서번트의 고용은 비교적 활발했다. 가축을 돌보기 위해서는 지속적인 노동력의 공급이 필요했는데, 차지농이 그러한 문제를 해결하기 위해 서번트의 고용을 선호했기 때문이다.

그러나 18세기 중반을 기점으로 사정은 달라졌다. 서번트 고용의 쇠퇴와 더불어 노동자의 고용이 증가했다는 것이 바로 그것이다. 당시 차지농은 서번트의 고용에 신중을 기하게 되었다. 인구가 증가하

---

335) Overton, *Agricultural revolution in England*, p.179.

면서 곡물 가격이 앙등하고 인플레이션이 심화되었기 때문이다.[336] 비싼 곡물 가격하에서 1년 동안 숙식을 제공하는 서번트를 고용하는 것이 농업 경영자에게는 더 이상 경제적일 수 없었기 때문이다. 오히려 필요할 때마다 이루어지는 노동자 고용이 더 유리한 상황이 되었던 것이다.[337]

### (2) 혼인 양태의 변화

대체로 18세기 중반을 기점으로 서번트의 고용에 문제가 생겼다. 그 이전 시기와 달리 차지농들이 그들을 고용하는 것을 꺼리는 현상이 생겼던 것이다.[338] 그와 같은 상황은 농업의 경영은 물론 인구 변동의 구조에도 영향을 미칠 수 있었다.

<표 Ⅴ-2>는 1640~1830년 잉글랜드의 농업 노동자들이 받은 실질 임금의 변화를 나타낸 것이다. 표는 인구 증가가 비교적 정체된 모습을 보인 1650~1750년 잉글랜드의 실질 임금이 상승하고 있었음을 보여준다. 그렇기 때문에 배우자를 스스로 선택하여 부부 중심의 핵가족을 형성하는 당시 상황에서 그 시기 청년들은 다른 시기에 비해 새로운 가정을 이루기가 비교적 용이했다고 볼 수 있다. 그러나 실제는 그렇지 않았다. 바로 그러한 상황에서 빈민의 자녀들이 상당 기간 서번트 생활을 함으로써 혼인이 연기되어 심각한 인구 증가를 막을 수 있었던 것이다.[339]

---

336) Beckett, *The agricultural revolution*, p. 37.

337) Hasbach, *A history of the English agricultural labourer*, pp. 85, 187.

338) 김성룡, "18세기 영국의 농업 경영 변화와 그 성격," 『安東史學』 第4輯 (1999), p. 122.

〈표 V-2〉 1640~1830년 농업 노동자의 실질 임금 지수[1)]

(10년 평균치, 1700-49년=100)

| 시기 | 실질 임금 지수 | 시기 | 실질 임금 지수 |
|---|---|---|---|
| 1640년대 | 67 | 1740년대 | 114 |
| 1650년대 | 82 | 1750년대 | - |
| 1660년대 | 84 | 1760년대 | - |
| 1670년대 | 86 | 1770년대 | 74 |
| 1680년대 | 101 | 1780년대 | 88 |
| 1690년대 | 75 | 1790년대 | 78 |
| 1700년대 | 97 | 1800년대 | 78 |
| 1710년대 | 92 | 1810년대 | 72 |
| 1720년대 | 89 | 1820년대 | 96 |
| 1730년대 | 108 | 1830년대 | 95 |

1) Overton, *Agricultural revolution in England*, p. 64.

그러나 18세기 중반 이후 사정은 달라졌다. 서번트는 감소했지만 인구는 급증했다. 실질 임금도 하락했다. 증가한 인구를 부양하기 위해 곡물 농업이 본격적으로 추구되면서 계절적 실업과 여성의 임금이 하락하는 현상이 두드러졌기 때문이다.[340)] 그렇다면 당시 사람들은 어떻게 혼인할 수 있었을까?

여기서 18세기 중반 이후 구빈 지출이 증가하기 시작했다는 사실에 주목할 필요가 있을 것 같다. 다시 말하면 그 시기에 빈민법의 성격이 변했다는 것을 시사하는 것이다. 잉글랜드의 빈민법은 헨리 8세

339) Wrigley, "Historic demography and economy," p. 375.

340) Peter C. Timmer, "The turnip, the new husbandry, and the English agricultural revolution," *Quarterly journal of economics*, 85 (1969), p. 393. 남녀의 임금 격차는 서번트의 경우에서도 확인할 수 있다. 1750년을 전후하여 동남부 농업 지역에서 성인 여성의 경우 매년 약 £3.3를 받은 반면 남성은 약 £4.6를 지급 받았다. 그러나 18세기 후반이 되면 남성과 여성의 차이는 더욱 벌어지게 되었다. 남성의 경우 약 £8.3을 받았지만 여성은 남성의 2/3에 해당하는 약 £5.2를 지급 받았던 것이다; Snell, *Annals of the labouring poor*, p. 346. *social change and agrarian England, 1660-1900*.

(Henry Ⅷ)의 치세인 1536년에 증가하는 부랑민이 사회를 혼란하게 만들 것을 우려하여 법령이 제정된 데서 비롯되었다. 1534년의 종교개혁 때에 이루어진 교회령의 몰수와 수도원 해산으로 그 당시까지 구빈 대책을 담당했던 교회나 수도원의 역할을 국가가 대신해야 했기 때문이다.[341] 그 뒤 여러 법령들이 제정되어 1601년에 하나의 법령으로 완성되었는데 그 법은 구제보다 부랑을 억제하는 데 무게를 두었다.[342] 각 지역 교회의 관리 영역 책임하에서 구빈원 내에서의 구제를 원칙으로 했기 때문이다.

그러나 그 법의 취지는 점차 완화되기 시작했다. 그 대표적인 경우가 1795년의 '스피넘랜드제도'(Speenhamland system)였다. 그 해에 비크셔(Birkshire)의 스핀햄랜드에 모인 치안 판사들은 곡물 가격과 부양가족 수에 따라 노동자의 임금을 보조해 줄 것을 결의했다. 그 내용은 대체로 다음과 같다. ① 2등품 밀가루로 만든 8파운드 11온스 무게의 빵 값이 1실링인 경우 남성 노동자에게는 매주 3실링 그리고 그의 아내와 자녀에게는 1인당 1실링 6펜스를 보조하며 ② 빵 값의 등락이 있을 경우 그때마다 그에 해당하는 비율을 적용하여 수당을 지급한다는 것이 바로 그것이다.[343]

스피넘랜드제도는 이전의 원칙, 즉 원내 구제를 포기하는 것으로[344] 구빈 행정의 일대 변혁이라고 볼 수도 있다. 그러나 그것은 결

---

341) G. R. Elton, *England under the Tudors* (London: Methuen, 1974), p.189.

342) 尹啓賢, "英國의 1834年 貧民法改正에 대한 考察,"『淑大史論』第十一 · 十二 合輯 (1982), p. 269.

343) M. Neuman, "Speenhamland in Berkshire," in E. W. Martin(ed.), *Comparative development in social welfare* (London: Longman, 1972), p. 88.

344) 노동 능력을 가진 빈민들도 구빈원에 수용하지 않은 상태에서 구호를 받게 한다는 원외 구제 방식을 채택을 법제화한 것은 1782년의 길버트법(An act for better relief and employment of the poor)이라 할 수 있다.

코 전혀 새로운 것은 아니었다. ① 1738년에 워릭셔(Warwickshire)의 치안 판사들이 임금을 식량 가격과 연계하여 책정했고 ② 버커셔에는 1780년부터 이미 임금을 보조해주고 있었으며 ③ 도오시셔(Dorsetshire)에서는 1792년 각 지역 교회의 관리 영역에서 노동에 종사하는 사람에게 생계비를 보조하려고 했던 사실 등이 있었기 때문이다.[345] 즉 스피넘랜드제도는 그 이전의 관행을 입법화한 것에 지나지 않은 것이다.

원내 구제 원칙의 포기는 <표 Ⅴ-3>에서도 확인할 수 있다. 표는 1748~1834년 잉글랜드의 구빈 지출 증가를 나타낸 것이다. <표 Ⅴ-3>은 스피넘랜드제도가 실시되기 30년 이전에도 상당한 구빈 지출 증가가 있었다는 것을 보여준다. 이는 앞에서 제시한 사실, 즉 원외 구제가 18세기 중반 이후 폭넓게 시행되고 있었음을 뒷받침하는 것이다.

〈표 Ⅴ-3〉 1748~1834년 잉글랜드의 구빈 지출 증가[1)]

| 기간 | 전체 | 1인당 |
|---|---|---|
| 1748/1750~1776년 | 1.79% | 1.19% |
| 1776~1778/1785년 | 3.04% | 2.22% |
| 1783/1785~1803년 | 2.21% | 1.12% |
| 1803~1818/1820년 | 2.84% | 1.38% |
| 1818/1820~1832/1834년 | 1.10% | -0.34% |
| 1748/1750~1783/1785년 | 2.08% | 1.42% |
| 1783/1975~1818/1820년 | 2.50% | 1.24% |
| 1783/1785~1832/1834년 | 2.10% | 0.78% |

1) G. R. Boyer, "An economic model of the English poor law circa 1780~1834," *Explorations in economic history*, 22 (1985), p.145.

345) 宋錫權, "英國 救貧制度의 發展過程 研究," p.118.

한편, 1795년에 버크셔에서 이루어진 치안 판사들의 결의는 구빈 행정의 주체들이 어떠한 입장을 지녔는가를 잘 나타낸다. 그것을 파악하기 위해서는 1795년 의회에 상정된 두 가지 안건의 처리를 살펴볼 필요가 있다. ① 치안 판사들에게 노동자의 최소 임금을 결정할 수 있도록 하는 것과 ② 구제 수당을 제공하자는 제안에 대해 각기 다른 반응이 나타났기 때문이다. 최소 임금은 압도적 다수로 거부된 반면 구제 수당은 그 반대로 채택되었던 것이다.[346]

그렇다면 1795년에 특별히 원외 구호가 결의된 이유는 무엇일까? 그것은 안정적인 노동력 확보를 위한 차지농 및 그들과 이해관계를 함께한 지주의 의도에서 찾을 수 있나.[347] 사실, 당시 잉글랜드의 지주와 차지농은 일종의 협력 관계였다. 비용과 위험을 서로 분담했던 것이다. 지주는 농업에 필요한 편의 시설을 갖추었고 차지농은 그것을 운용했기 때문이다.[348] 일종의 공생이라 할 수 있는 그들의 관계는 구빈 행정에서도 나타날 수 있었다. ① 지방 행정의 대표적 기구로 자리 잡은 즉결 재판(petty session)을 지주가 장악했으며[349] ② 차지농은 구빈세의 주요 납부자인 동시에 실질적인 정책 결정자였기 때문이다.[350] 이는 구빈 지출이나 그 절차 등이 지주와 차지농의 이해관계에 따라 바뀔 수 있다는 것을 의미하는 것이다.

---

346) Sir Frederic Morton Eden, *The state of the poor: or, an history of the labouring classes in England, from the conquest to the present period* (London: Printed by J. Davis for B. & J. White, 1797), vol. I, p. 576.

347) 김성룡, "18세기 영국의 농업 경영 변화와 그 성격," pp.140~1.

348) Chambers and Mingay, *The agricultural revolution, 1750~1880*, p. 21.

349) Sidney and Beatrice Webb, *English local government from the revolution to municipal corporations act: the parish and the county* (London: Longmans, 1906), pp. 492~3.

350) George R. Boyer, *An economic history of the English poor law 1750~1850*(Cambridge: Cambridge University Press, 1990), p. 21.

곡물 농업은 추수기와 같은 농번기와 그 반대의 농한기로 구별된다. 그렇기 때문에 입주 노동력인 서번트보다 노동자를 고용하는 것이 농업 경영자의 입장에서는 보다 유리할 수 있다. 문제는 노동자들이 농한기처럼 일자리가 없을 경우 다른 곳으로 이동할 수 있다는 것이다. 그럴 경우 농번기에는 노동력의 부족이라는 심각한 현상이 생길 수 있다. 또한 그것은 당장 농업의 경영 주체에게 심각한 타격을 줄 수 있다. 추수기에는 더욱 그렇다.

바로 그 문제를 당시 차지농과 지주들은 원외 구호로 해결하려 했던 것이다. 농한기에 구제 수당을 지급함에 따라 농업 노동자의 이동을 억제할 수 있었기 때문이다.[351] ① 농한기에 임금 보조가 이루어지게 되면 노동자들이 일거리가 없을 경우에도 최소한의 생계 유지가 가능하여 이동을 억제할 여지가 다분히 있었고[352] ② 정주・추방의 적절한 활용을 통해 필요한 노동력의 선택적 이용이 가능했던 것이다.[353] 본 연구에서 언급하는 시기보다 다소 늦은 다음의 사례가 그것을 잘 나타낸다. 즉 1831년에 서섹스에서는 1인당 구빈 지출이 19s. 4d.였지만 랭카셔에서는 그 지출이 4s. 5d.였다. 이는 구빈 지출 금액이 런던과의 거리와 반비례한다는 것을 의미했다. 한마디로 당시 구빈 행정은 노동력의 확보와 밀접한 관계가 있었던 것이다.[354]

이처럼 원내 구호 원칙의 포기는 효율적인 노동력을 확보할 수 있는 한 가지 방편이 될 수 있었다. 그러나 그것은 당시 잉글랜드의 농업 사

---

351) 1796년 2월 12일에 피트(William Pitt)가 최소 임금 법안에 대해 게으름을 조장할 수 있다는 것을 이유로 반대를 표명한 후 그것이 부결된 사실이 그것을 잘 나타낸다.

352) 김성룡, "산업 혁명 시기 영국의 도시 인구 증가," 『慶北史學』 第22輯 (1999) p. 34.

353) Byung Khun Song, "Agrarian policies on pauper settlement and migration, Oxfordshire 1750~1834," *Continuity and change*, 13 (1998), p. 383~4.

354) Mark Blaug, "The old poor law report reexamined', *Journal of economic history*, 24 (1964), pp. 236~7.

회에 또 다른 문제를 야기했다. 저압 체제의 동요가 바로 그것이다. 사실, 서번트 생활은 청년들이 혼인할 수 있는 바탕이었다. 그러나 농업의 고용 변화에 따라 상황은 달라졌다. 차지농들이 서번트의 고용에 소극적이었기 때문이다. 그렇기 때문에 그 생활은 청년들에게 더 이상 미래를 준비할 수 있는 방편이 될 수 없었다. 그것은 당시 하층민들에게 심각한 좌절감을 주었다. 몇 년 동안의 서번트 생활을 통해 소규모 농장을 이룰 수 있었던 것이 좌절되어 청년들이 음주와 도박에 빠진 사례가 1770년대 이후에 흔했다는 사실이 그것을 잘 나타낸다.355)

희망의 좌절은 다른 방향으로 표출되었다. 하층민들이 원외 구호에 너 많은 의존을 하게 되었던 것이다. 실질 임금의 저하와 계절적 실업이 만연하는 상황에서 일찍 혼인하여 가족 성원을 늘리는 것이 그들에게 유리했기 때문이다.356) '이전 같았으면 서번트 생활을 했을 대상의 약 1/3이 더 이상 고용 생활을 하지 않고 일찍 혼인했으며 당시 노동자들은 평균 5~6 명의 자녀를 가졌다'는357) 당시의 언급에서 그것을 엿볼 수 있다.358)

---

355) E. A. Goodwyn(ed.), *Selections from Norwich newspapers, 1760~1790* (Ipswich: East Anglian Magazine Ltd., 1973), p. 90.

356) Boyer, *An economic history of the English poor law*, p.72.

357) *Communications to the board of agriculture*, V, Pt I, London (1806), pp.225-6 quoted in Armstrong, "Labour I ; rural population growth, system of employment, and incomes," in Mingay(ed.), *The agrarian history of England and Wales*, vol. 6, p. 653.

358) 아래의 표가 당시 상황을 잘 나타낸다.

〈1700~1837년 잉글랜드의 남녀 평균 혼인 연령〉1)

| 성별 | 남성 | | | 여성 | | |
|---|---|---|---|---|---|---|
| 연도 | 1700~49 | 1750~99 | 1800~37 | 1700~49 | 1750~99 | 1800~37 |
| 농업 지역 | 27.0 | 26.1 | 25.6 | 25.2 | 24.3 | 23.7 |
| 제조업 지역 | 28.4 | 25.6 | 24.4 | 26.6 | 24.6 | 23.4 |

1) Wrigley, Davis, Oeppen and Schofield, *English population history*, p.187.

〈표 Ⅴ-4〉 1701~1830년, 잉글랜드에 나타난 인구의 지역별 자연 증가율(%)[1]

| 지역 \ 연도 | 1701~50 | 1751~80 | 1781~1800 | 1801~30 |
|---|---|---|---|---|
| 북서부 | 0.56 | 1.29 | 1.28 | 1.58 |
| 북부 | 0.41 | 0.82 | 0.98 | 1.43 |
| 런던 | -1.08 | -0.48 | 0.27 | 0.82 |
| 남부 | 0.22 | 0.76 | 1.12 | 1.65 |
| 전체 | 0.11 | 0.68 | 0.98 | 1.43 |

1) Deane and Cole, *British economic growth*, p.115.

<표 Ⅴ-4>는 1701~1830년, 잉글랜드에 나타난 인구의 지역별 자연 증가율이 제시되어 있다. 표는 당시 상황을 잘 나타낸다. <표 Ⅴ-4>에 나타난 가장 특징적인 현상은 남부 지역의 변동이라 할 수 있다. 북부 지역의 경우 18세기 중반 이후 산업 혁명의 진전으로 그에 따른 노동력의 수요 증가에 의해 자연 증가율이 상승했다는 사실을 고려하면 특별한 의문이 있을 수 없다.

그러나 남부 지역의 경우는 달랐다. 농업의 고용 변화와 더불어 인구의 자연 증가율은 오히려 높아졌기 때문이다. '구빈 지출이 아무런 준비도 없는 상태에서 빈민을 혼인케 하여 인구를 증가시킨다'는 맬서스의 견해는[359] 타당했던 것이다. 바로 그러한 사실은 역사 인구학의 성과를 통해 확인 가능하다. <표 Ⅴ-5>는 18세기 잉글랜드의 혼인 연령이 그 세기 중반 이후 낮아지고 있음을 보여준다. 특히 1766년과 1791년의 출생 코호트가 경험한 혼인 연령의 저하는 고용 및 구제와 밀접한 관련을 보여준다. 그 이전 시기에 경제적 여건이 마련된 이후에 혼인한 것과 대조를 보이고 있기 때문이다. 무책임한 혼인을 통제하기 위해 개정 빈민법이 제정된 1834년 이후, 즉 1816년 코호트의

359) Malthus, "*An essay on the principle of population*," in Himmelfarb(ed.), *On population*, p. 66.

혼인 연령이 상승했다는 사실이 그것을 뒷받침한다.

〈표 Ⅴ-5〉 출생 코호트별 실질 임금과 혼인 연령[1)]

(0: 변화 없음, +: 증가, -: 감소)

| 출생 코호트 | 실질 임금 | 혼인 연령 |
|---|---|---|
| 1591년 | - | - |
| 1616년 | - | 0 |
| 1641년 | 0(+) | + |
| 1666년 | + | - |
| 1691년 | + | - |
| 1716년 | + | - |
| 1741년 | + | - |
| 1766년 | 0(-) | - |
| 1791년 | 0(-) | - |
| 1816년 | 0(-) | + |

1) Roger Schofield, "English marriage pattern revisited," *Journal of family history*, 10 (1985), p.16.

<표 Ⅴ-5>는 대체로 18세기 중반 이후 잉글랜드의 저압 체제가 동요하고 있음을 보여준다. 그것의 주된 요인은 농업에서 서번트의 고용이 쇠퇴한 데서 찾을 수 있다. 이제 그 생활을 통해 혼인의 기반을 마련하던 종래의 관행이 사라졌기 때문이다. 그 결과 미래에 대한 희망을 상실한 하층민들은 구빈 지출에 더욱 의존하게 되었고, 그것은 혼인의 제촉으로 이어졌다. 바로 그것이 남부 농업 지역에서 높은 인구 증가율이 나타난 원인이었던 것이다. 다소 시기적으로 늦은 감이 있지만 1824년의 한 보고서가 당시 상황을 잘 나타내고 있다.

임금이 아주 적은 사람도 자신이 혼인하기만 하면 자녀의 수에 비

례해 수당이 오른다는 것을 안다. …… 그러나 (당시 영국에서는) 혼인해서 가정을 꾸리는 것보다 더 나은 것이 있었다. 그것은 자식이 딸린 여자와 혼인하는 것이다. …… 4명이 딸린 24세의 한 젊은 여인은 '만약 아이가 한 명만 더 있어도 살기가 더 나아졌을 텐데'라고 언급했다.[360]

## 2. 사회적 갈등의 심화

### (1) 농업 노동자의 빈곤화

18세기 중반 이후 잉글랜드의 동남부 지역에 나타난 농업의 경영 변화는 흔히 인클로저로 설명된다. 인클로저는 토지의 개량은 물론 새로운 농기구 및 농법 등이 사용되면서 농업 생산성이 증진될 것이라는 기대에 그 바탕을 두었다.[361] 그것은 당시 농업 전문가들에게 상당한 공감을 얻었다. 영의 경우가 대표적인 예라 할 수 있다.[362]

여기서 한 가지 유의할 사실이 있다. 인클로저가 농업 생산성의 향상에 기여한 것이 다소 과장되었다는 것이다. 그것은 앨런(R. C. Allen)과 오 그라다(C. Ó Gráda)의 연구에서 확인할 수 있다. 그들은 1771년에 영이 조사한 결과를 토대로 인클로저 경지와 그렇지 않은 곳의 곡물 생산을 비교했다. 그 결과 대표적 곡물인 밀의 경우 전자는 평균 24.5부셸, 후자는 22.6부셸로 인클로저의 효과가 다소 과장되

360) *Report on labourer's wages* (1824) quoted in Arthur Redford, *Labour migration in England 1800~1850*, rev. by W. H. Chaloner (Manchester: Manchester University Press, 3rd edn., 1976(1926)), p. 80.

361) Hasbach, *A history of the English agricultural labourer*, p.160.

362) 각주 325) 참조.

었다는 견해를 제시할 수 있었다.363) 다시 말하면 영의 편견이 그와 같은 인식을 가져왔다는 것이다.364)

그러나 인클로저로 대변되는 곡물 농업으로의 전환은 농업 사회에 부정적인 결과를 가져왔다. <표 Ⅴ-6>에 나타난 것처럼 농업 생산성의 증대에도 불구하고 농업 노동자가 받는 실질 임금의 추이는 오히려 빈곤이 심화되는 양상을 보였기 때문이다.

〈표 Ⅴ-6〉 1701~1852년 잉글랜드의 농업 생산성과 농업 노동자의 실질 임금[1]

| 연도 | 인구(백만 명) | 순수입량(%) | 생산 지수 (1700=100) | 농업 인구(%) | 실질 임금 (1700–49=100) |
|---|---|---|---|---|---|
| 1701 | 5.06 | -2 | 100 | 55(1700년) | 97(1700년대) |
| 1741 | 5.58 | -5 | 114 | · | 114(1740년대) |
| 1751 | 5.77 | -8 | 121 | · | · |
| 1761 | 6.15 | -4 | 124 | · | · |
| 1781 | 7.04 | 0 | 136 | · | 88(1780년대) |
| 1791 | 7.74 | 2 | 147 | · | 78(1790년대) |
| 1801 | 8.66 | 5 | 159 | 36(1800년) | 78(1800년대) |
| 1831 | 13.28 | 12 | 226 | · | 95(1830년대) |
| 1851 | 16.74 | 16 | 272 | 22(1850년) | · |

1) Overton, *Agricultural revolution in England*, pp. 64, 75, 82를 바탕으로 재작성.

그렇다면 혼합 농업에서 곡물 농업으로의 전환이 이루어지면서 나타난 빈곤의 심화는 어떻게 설명할 수 있을까? 그것을 이해하기 위해서는 대체로 다음의 두 가지 사실을 고려할 필요가 있다. ① 해당 지역에 나타난 '농업으로의 회귀'(return to agriculture) 현상과 ② 고용

363) R. C. Allen and C. Ó Gráda, "On the road again with Arthur Young," *Journal of economic history*, 48 (1988), p.98. 그들이 참고한 영의 저작은 ① *A six months tour through the north of England* (1771)와 ② *The farmers' tour through the east of England* (1771)였다.

364) Allen and Ó Gráda, "On the road again," p.116.

관계의 변화 등이 바로 그것이다.

농업으로의 회귀는 경우에 따라 이른바 '원산업화의 좌절'(de-proto-industrialization)로[365] 언급되기도 한다. 그것은 선 산업 시기 농촌 공업이 산업 혁명으로 이어지지 못하고 쇠퇴하면서 오히려 농업으로 다시 돌아가는 것을 의미하는 용어이다. 원산업화의 좌절은 18세기 초를 기점으로 동남부 지역을 중심으로 나타난 현상이었다. 노퍽,[366] 에섹스[367] 그리고 서퍽과 에섹스 인접 지역[368] 등에서 그것을 쉽게 확인할 수 있다.

원산업화의 좌절은 18세기 중반을 기점으로 더욱 두드러졌다. 그것은 북부 지역의 성장과 밀접한 관련이 있다. 1758년에 글로스터(Gloucester)의 성직자였던 터커(Josiah Tucker)는 서부 지역(the West country)의[369] 모직물 노동자의 상태에 관해 한 가지 의미 있는 사실을 제시했다. '서부 지역 노동자는 아메리카 식민지의 노예로 비유될 수 있으며, 그들이 보다 자유로운 북부로 이동하는 것은 놀라운 일이 아니다'라는 언급이 바로 그것이다.[370]

---

365) Jügen Schlumbohm, "'Proto-industrialization' as a research strategy and a historical period-a balance-sheet," in Sheilagh C. Oglvie and Markus Cerman(eds.), *European proto-industrialization* (Cambridge: Cambridge University Press, 1996), p.10.

366) 지역 산업의 쇠퇴를 타개하기 위한 1709년의 의회 청원과 그 후 10년이 지난 1719년에 날염 옥양목으로 인해 고용이 불안정하게 되면서 폭동이 일어난 것을 그 예로 들 수 있다; Maxine Berg, *The age of manufactures, 1700~1820: industry, innovation and work in Britain* (London: Routledge, 2nd edn., 1994(1985)), p.104.

367) 에섹스의 코크샬(Coggeshall)이 그 경우였다. 그 곳에서도 모직물 산업이 위축됨에 따라 1733년에 그것을 타개하기 위한 의회 청원이 이루어졌다; *ibid.*

368) '콜체스터(Colchester)의 산업은 잉글랜드의 서북부 지역에 밀리고 있다'는 에섹스 출신의 역사가 모랜트(Philip Morant)가 남긴 1748년 기록 또한 18세기 중반 이전에 이미 동남부 지역의 농촌 공업이 경쟁력을 잃고 있었음을 보여 준다; P. Morant, *The history and antiquities of Colchester* (London, 1748), p. 75 H. C. Prince, "England *circa* 1800," in H.C. Darby(ed.), *A new historical geography of England after 1800* (Cambridge: Cambridge University Press, repr., 1986(1973)), p. 57에서 재인용.

369) 서부 지역은 대체로 글로스터셔(Gloucestershire), 섬머싯(Somerset) 그리고 윌트셔(Wiltshire) 지역을 말한다.

북부 지역의 성장과 더불어 나타난 원산업화의 좌절 혹은 농업으로의 회귀는 해당 지역의 노동자에게 부정적 영향을 미쳤다. 서부 윌트셔를 그 예로 들 수 있다. 1660년 이래 그 지역의 광폭 나사(broadcloth) 제조업은 번영을 구가했다. 그러나 그것은 17세기를 지나면서 멈추게 되었다. 자연, 노동자들은 경제적 어려움을 겪게 되었다. 그 결과 1726년과 1738년에 해당 직종 노동자들의 폭동이 일어났다.[371] '노동자가 굶주리게 되었고 그것이 폭동을 야기한 원인이었다'는 터커의 언급이 당시 상황을 잘 나타낸다.[372]

한편, 동남부 지역이 원산업화의 좌절과 더불어 곡물 농업으로의 전환이 이루어지면서 고용 관계에 중요한 변화가 야기되었다. 시번트의 고용 감소와 더불어 계절별 고용과 남성 우대 현상이 나타났던 것이다. 곡물 경작은 가축 사육과 달리 파종기나 추수기와 같은 농번기에 많은 노동력을 필요로 했다. 동남부 지역의 경우 농업 노동자의 임금이 농번기에 급증한 반면, 그 이외의 시기에는 고용 그 자체가 흔치 않았던 것도 바로 그와 같은 배경에서 비롯된 것이었다.[373] 그것은 티머(Peter Timmer)의 1969년 연구에서도 확인할 수 있다. 그는 18세기 말 영이 수집한 자료를 통해 500에이커의 농장에 노퍽 농업을 적용하면 대체로 다음과 같은 계절별 노동력이 필요했다는 사실을 제시했다. ① 3월과 8월에는 약 70명, ② 11월, 12월, 1월, 4월 그리고

370) Josiah Tucker, *Instructions to travellers* (Dublin: Printed for William Watson, 1758(1757)), pp. 38~9.

371) J. De L. Mann, "Clothiers and weavers in Wiltshire during the eighteenth century," in L.S. Pressnell(ed.), *Studies in the industrial revolution: presented to T.S. Ashton* (London: The Athlone Press, 1960), pp. 66~7.

372) Tucker, *Instructions for travellers*, p. 21.

373) K. D. M. Snell, "Agricultural seasonal unemployment, the standard of living, and women's work in the south and the east, 1690~1860," *Economic history review*, 2nd ser., 34 (1981), pp. 412, 436~7.

5월에는 25명 이하의 노동자가 필요했다는 것이 바로 그것이다.374) 이는 파종기와 추수기에 노동력이 집중되었음을 분명히 하는 것이다.

〈표 V-7〉 1741~1805년 노퍽의 남녀 농업 노동자 임금1)

(연평균, 단위: £)

| 시기 | 남성 | 여성 | 남녀 차이 |
|---|---|---|---|
| 1741~5년 | 3.99 | 3.75 | 0.24 |
| 1751~5년 | 5.31 | 3.13 | 2.18 |
| 1761~5년 | 5.31 | 2.81 | 2.50 |
| 1771~5년 | 5.94 | 2.91 | 3.03 |
| 1781~5년 | 6.29 | 3.14 | 3.15 |
| 1791~5년 | 6.48 | 3.56 | 2.92 |
| 1801~5년 | 7.59 | 4.33 | 3.26 |

1) Snell, *Annals of the labouring poor*, p. 412.

그와 같은 양상은 남녀의 임금 격차가 확대되는 현상과 연계되었다. <표 V-7>이 그것을 뒷받침한다. <표 V-7>은 노퍽의 남녀 농업 노동자들이 받는 연평균 임금의 변동을 나타낸 것이다. 표는 대체로 18세기 중반 이후 남녀의 그것에 현저한 격차가 생겼음을 말해준다. 시간이 흐를수록 확대되는 남녀의 임금 격차는 노퍽 지역에만 한정된 것은 아니었다. 동남부 농업 지역에서 거의 공통적으로 발견되는 현상이었다.375)

그것의 원인은 밀 경작이 본격적으로 추구되면서 여성보다 남성 노동력의 중요성이 이전에 비해 더 커진 사실에서 찾을 수 있다. 대체로 1750년까지는 여성의 경우 농사일에는 남성과 별다른 차이가

374) Timmer, "The turnip, the new husbandry," p. 393.

375) Snell, "Agricultural seasonal unemployment," p. 414.

없었다. 그들은 낫질, 하역, 파종, 쟁기질, 써레질, 거름주기 그리고 양치는 일 등에 고용되었다.[376] 따라서 남녀의 임금이나 고용 시기는 그리 차이가 없었다.

그러나 곡물 농업이 추구되면서 사정은 달라졌다. 당장, 작업 도구에서 남녀의 차이가 나타났다. 그것은 남녀의 임금 격차가 발생한 중요한 계기가 되었다. 그 대표적인 경우로 곡물 수확용 큰 낫(scythes)을 들 수 있다. 소규모 경작 시에는 작은 낫(sickles)을 사용했기 때문에 여성과 남성의 차이가 거의 없었다. 그러나 큰 낫의 경우 무게가 무겁기 때문에 여성이 사용하기에는 부담스러웠다. 추수기에 남성의 역할이 중요하게 된 것도 바로 그와 같은 배경에서 비롯된 것이다. 남성 전용의 큰 낫이 유행하면서 여성은 높은 임금을 받는 직종을 찾아야 했다는 영의 언급이 그것을 뒷받침한다.[377]

한편, 1850~1년에 케어드(James Caird)는 잉글랜드의 농업 상태에 관해 한 가지 중요한 사실을 제시했다. 당시 농업 노동자의 임금이 남부와 북부의 지역 차이에 따라 대조를 보이고 있었다는 것이 바로 그것이다. 즉 동쪽의 워시 지역(the Wash)과 서쪽의 웨일즈 변경(the Wales marches)을 축으로 주당 9s. 이상과 이하의 임금선이 형성되고 있었다는 것이다.[378]

18세기 초 잉글랜드의 임금 체계는 남부의 고임금 북부의 저임금

376) M. Robert, "Sickles and scythes: women's work and men's work at harvest time," *History workshop*, 7 (1979), pp. 17~20.

377) Arthur Young, *The farmer's kalendar* (1771), pp. 231~9 Snell, "Agricultural seasonal unemployment," p.425에서 재인용. 그와 같은 현상은 서번트의 경우도 마찬가지였다. 1750년을 전후하여 동남부 농업 지역의 경우 성인 여성은 매년 약 £3.3을 받은 반면 남성은 약 £4.6를 받았다. 그러나 18세기 후반이 되면 남성과 여성의 차이는 더욱 벌어지게 되었다. 남성의 경우 약 £8.3을 받았지만 여성은 남성의 2/3에 해당하는 약 £5.2를 받았던 것이다; Snell, *Annals of the labouring poor*, p. 346.

378) Sir James Caird, *English Agriculture in 1850~51* (London: Cassc, 2nd edn., 1966(1851)), pp. 511~2.

으로 요약할 수 있다. 빈민의 경우 남부 지역인 켄트에서는 일주일에 7~10s.을 그리고 북부 지역에서는 4s.을 번다는 디포의 1702년 언급이 그것을 잘 보여준다.[379] 그와 같은 임금 구조는 그 세기 중반까지 그대로 유지된 듯하다. 1760년대 영국의 농업 노동자들이 ① 일주일에 7s. 9d.～9s. 9d.의 높은 임금을 받은 주는 대부분 동남부에 ② 일주일에 5s. 10d.～6s. 6d.의 저임금을 받은 주는 북부에 집중되고 있었기 때문이다.[380] 그러나 1790년의 상황은 완전히 다른 모습을 보여준다. 높은 임금(9s. 3d.～11s. 0d./일주일)을 보인 11개 주 가운데 8곳이 북부와 미들랜드 지역이었으며 동남부는 대부분 저임금(6s. 8d.～7s. 10d./일주일)을 보였다.[381] 즉 남부의 고임금 그리고 북부의 저임금 체제가 역전된 것이다.

이처럼 18세기 잉글랜드의 농업 지역은 비교적 양호한 농업 생산성에도 불구하고 원산업화의 좌절, 즉 농업으로의 회귀와 그에 따른 고용 관계의 변화에 의해 실질 임금의 하락을 경험했다. 또한 그것은 구빈 지출의 증가로도 이어졌다.

동남부 농업 지역의 빈곤에 관한 통계 지표는 문헌 자료로도 확인할 수 있다. 18세기 말 버커셔의 상황을 기술한 데이비스의 저작은 농업 노동자의 비참한 삶을 다음과 같은 보여준다. 농업 노동자들이 고

---

379) Daniel Defoe, *Giving alms no charity, and employing the poor a grievance to the nation, being an essay upon this great question, whether work-houses, corporations, and houses of correction for employing the poor, as now practis'd in England; or parish-stocks, as propos'd in a late pamphlet, entituled, a bill for the better relief, imployment and settlement of the poor, &c. are not mischievous to the nation, tending to the destruction of our trade, and to encrease the number and misery of the poor* (London: printed, and sold by the booksellers of London and Westminster, 1704), p.11.

380) E. H. Hunt, "Industrialization and regional inequality: wages in Britain, 1760～1914," *Journal of economic history*, 45 (1986), p. 938.

381) ibid., p. 941.

기, 치즈, 우유 혹은 맥주 등을 제대로 먹을 수 없었음은 물론 밀로 만든 빵과 물 혹은 그냥 물만 마시는 것이 거북하여 낮은 품질의 찻잎을 소량 넣어 우려낸 차 위주로 식사를 한다는 것이 바로 그것이다.[382)]

한편, 1850년 3월 30일자 『모닝 클로니컬즈』(*Morning chronicle's*)는 켄트의 농촌 지역에 거주하는 여성들이 요리법을 잘 모르고 있다는 사실을 보도하고 있다. 여성의 약 50%가 빵을 만들 수 없었다고 한다.[383)] 『모닝 클로니컬즈』의 기사는 본 연구가 다루는 시기와 상당한 차이가 있다. 그러나 당시 상황은 전혀 새로운 것은 아니다. 18세기 중반 이후 곡물 농업이 추구된 되면서 나타난 현상이었기 때문이다. 그와 관련하여 데이비스의 언급은 많은 것을 시사한다. 노동자들이 작업을 마친 후 현물로 곡물을 받아오면 그것을 그의 부인이 방앗간에 가지고 가서 빻아와 빵을 굽던 관행이 사라졌다는 것이 바로 그것이다.[384)] 왜 그러한 일이 생겼을까?

그것은 차지농이 곡물을 시장에서 직접 거래하지 않는 데서 상당 부분 비롯되었다. 차지농들이 중간 상인 혹은 중개인에게 작물의 견본을 보인 후 서로 조건이 맞을 경우 매매 계약을 체결하여 직접 판매의 번거로움을 덜었기 때문이다.[385)] 이제 상인을 통한 대규모 곡물 거래가 이루어지면서 임금을 현물로 대신하는 경우가 거의 없어지게

382) Davies, *The case of labourers in husbandry*, pp. 33~4. 농업 노동자들이 살아간 빈곤한 삶은 시간이 지나도 개선되지 않았다. 1830년에 출간된 코벳(William Cobbett)의 저작은 보다 충격적인 실상을 보여 준다. ① 윌트셔의 경우 개, 돼지 그리고 말도 노동자들보다 더 정중하게 취급 받고 있으며 ② 노동자들은 거의 반쯤 굶은 것처럼 보여 자신이 살찐 말을 타고 다니는 것이 오히려 부끄러울 정도였다는 것 등이 그것을 잘 나타낸다; William Cobbett, *Rural rides edited with an introduction by Asa Briggs*, vol.2(London: J.M. Dent & Sons Ltd., 1957(1912)), pp. 67, 72.

383) *Morning chronicle's*, 30 March 1850.

384) Davies, *The case of labourers in husbandry*, p. 33.

385) Defoe, *The complete English tradesman*, 2, p. 81.

되었던 것이다.[386)]

농산물의 거래 관행이 변화하고 임금의 현물 지급이 사라지면서 농업 노동자들은 밀가루나 빵을 직접 구입할 수밖에 없었다. 문제는 낮은 임금 수준이었다. 19세기 초의 상황이지만 당시 농업 노동자의 가계 지출 가운데 약 60%가 빵이나 밀가루 구입에 집중되었다는 사실이 그것을 잘 나타낸다.[387)] 그 결과 주식인 빵 이외의 식재료를 구입할 수 있는 여지는 거의 없었다.[388)] 심지어 차, 치즈, 버터, 비누, 양초 그리고 옷가지 등이 거의 없는 경우도 있었다.[389)] ① 당시 농업 노동자들이 가진 것이라고는 목숨이 전부였다는 코벳의 언급이나[390)] ② 개도 켄트 지역의 농업 노동자보다 잘 먹는다는 뉴질랜드나 오스트레일리아에서 온 편지의 내용이[391)] 시사적이다.

### (2) 사회적 유대 관계의 단절

18세기 잉글랜드의 농업에 나타난 경영 변화는 심각한 사회 갈등을 증폭시킬 수 있었다. 서번트의 고용 쇠퇴는 더욱 그러했다. 무엇보다 한 집에 거주하는 관행이 사라지면서 상층민과 하층민의 유대가 단절될 수 있었다. 선 산업 시기 잉글랜드의 서번트가 오늘날과 달리 가족의 성원으로 이해되었기 때문이다.

---

386) Davies, *The case of labourers in husbandry*, p. 33.

387) Barry Reay, *The last rising of the agricultural labourers: rural life and protest in nineteenth-century England* (Oxford: Clarendon Press, 1990), p. 49.

388) Davies, *The case of labourers in husbandry*, p. 33.

389) Reay, *The last rising of the agricultural labourers*, p. 52.

390) Mingay, *A social history of the English countryside*, p. 162.

391) Reay, *The last rising of the agricultural labourers*, p. 54.

18세기 잉글랜드의 가족 형태는 오늘날의 그것과는 엄연한 거리가 있었다. 라슬레는 선 산업 시기 잉글랜드의 가족에는 대체로 다음의 세 가지 사회가 존재했다고 주장했다. ① 남편과 아내, ② 부모와 자녀, ③ 고용주와 서번트와의 관계가 바로 그것이다.[392] 여기서 각별한 시선을 모으는 것이 바로 세 번째 세계이다. 서번트와 고용주를 가족 관계로 간주했기 때문이다. 다시 말하면 당시 잉글랜드에서는 오늘날과 달리 비혈연 거주자를 가족 성원으로 간주했다는 것이다. 그와 같은 현상의 규명은 가족사 연구의 깊이와 폭을 더 할 수 있을 것으로 판단된다. 즉 통계 자료만으로는 규명할 수 없는 문제, 예를 들면 상이한 집단이 한 지붕 아래에 살았나는 사실을 보다 구체적으로 설명할 수 없다는 어려움[393] 등을 해결하는 실마리를 찾을 수 있기 때문이다.

선 산업 시기 잉글랜드에서 서번트가 가족의 범위에 포함되었다는 것은 가족에 대한 인식이 오늘날과 구별되었다는 것을 의미한다. 다시 말하면 가족의 의미가 오늘날의 그것처럼 결코 정태적이지 않았다는 것이다. 실제로 1600년 이전의 잉글랜드에서는 오늘날의 가족을 의미하는 용어는 노예(slave)였다.[394] 그러한 의미는 시간이 흐름에 따라 변화를 보였다. 실제로 17세기 잉글랜드에서 가족은 노예 혹은 서번트에 한정되지는 않았나. 낭시 잉글랜드에서 가족은 대체로 가부장(*pater familias*)의 통제 아래에 살아가는 모든 대상을 의미했다. 부부,

---

392) Laslett, *The world we have lost*, p. 2.

393) P. M. G. Harris, "Review of Laslett and Wall(eds.), *Household and Family*," *Journal of European Economic History*, 3 (1974), pp. 765~7. 지난 한 세대 동안의 가족사 연구의 현황에 대해서는 Lawrence Stone, *Road to divorce: England 1530~1987* (Oxford: Oxford University Press, 1990), pp. 0-11 참조.

394) 당시 사용된 *famuli*에 대해서는 *The Oxford English dictionary* 참조.

자녀 그리고 서번트 등이 바로 그것이다.[395] 다음의 일기가 그것을 잘 나타낸다.

> …… 나의 가족은 다음과 같다. 건강한 아내…… 그녀의 허드렛일을 하는 여자, 머서(Mercer), 침실 관리자 베스(Bess); 요리사 제인(Jane); 어린 여자 서번트 수산(Susan); 반년 전부터 내가 고용한 남자 서번트 에드워드(Tom Edwars)…….[396]

1664년의 마지막 날에 작성된 페피스(Samuel Pepys)의 일기는 서번트가 가족의 범위에 포함되었음을 분명히 한다. 이는 당시 잉글랜드의 가족 개념이 대체로 오늘날의 가구와 흡사했다는 것을 의미하는 것이다. 함께 기거하는 혈연 집단과 서번트를 가족의 범위에서 구별하는 용어가 거의 존재하지 않았다는 것이다.[397] 다시 말하면 가족의 개념에서 동거 여부가 최대 관건이었다는 것이다. '사촌들은 감정적으로나 혹은 경제적으로 별다른 중요성이 없다'는 17세기의 한 일기 기록이 그와 관련된 중요한 사실을 제시한다.[398] 그러한 경우는 18세기에도 계속되었다. 1755년에 출간된 존슨(Samuel Johnson)의 저작은 가족을 다음과 같이 규정했다. '같은 집에 살아가는 자들'이 바로 그

395) 아메리카 식민지 개척에 필요한 노동력을 확보하기 위한 한 방안으로 고안된 연한부 계약 서번트를 각 가정에 배분하여 함께 생활할 것을 촉구한 뉴 잉글랜드 컴퍼니(the New England Company)의 1629년 편지에서 그것을 엿볼 수 있다; Alexander Young, *Chronicles of the first planters of the colony of Massachusetts Bay, 1623~1636: now first collected from original records and contemporaneous manuscripts, and illustrated with notes* (Boston: Charles C. Little and James Brown, 1846), p.167.

396) Christopher R. Friedrichs, *The early modern city, 1450~1750* (London: Longman, 1996), p.167.

397) 야랜턴(Andrew Yarranton)은 자신의 가족을 7명으로 소개했다. 거기에는 '그 자신, 그의 아내, 3명의 자녀, 1명의 남자 서번트 그리고 1명의 여자 서번트'가 포함되었다; Andrew Yarranton, *England's improvement by sea and land, to out-do the Dutch without fighting, to pay debts without moneys, to set at work all the poor of England with the growth of our own lands* (London, Printed by R. Everingham for the author, 1677), p.171.

398) Macfarlane, *Family Life of Ralph Josselin*, pp.137~9.

것이다.[399)]

이처럼 당시 잉글랜드에서 가족은 동거 여부에 의해 그 개념이 규정되었다. 그러한 사실은 그 세기 중엽에 작성된 한 상점주의 일기에서도 확인 가능하다. 1764년 4월 22일에 작성된 터너(Thomas Turner)의 일기에는 '나는 나의 남은 식구들과 함께 저녁을 먹었다'는 언급이 있다.[400)] 겉으로 보기에는 전혀 문제가 없는 대목이다. 가족의 일상생활에서 쉽게 접할 수 있는 장면이기 때문이다. 그런데 문제는 당시 터너가 홀아비였다는 것이다. 그에게는 생존한 자녀나 부모가 없었다.[401)] 더구나 남은 식구도 친족은 아니었다. 이러한 현상을 과연 어떻게 설명할 수 있을까?

물론 오늘날의 시각에서는 터너의 사례를 이해하기는 어렵다. 그러나 당시 잉글랜드의 경우에는 그것은 그리 어색한 장면이 아니었다. 동거 여부에 의해 가족으로 인정되었다는 것을 고려하면 더욱 그러하다. 실제로 1764년에 그가 묘사한 식구는 여자 서번트와 가게 보조원이었다.[402)]

이처럼 오늘날의 가구에 해당될 수 있는 가족 개념은 터너의 또 다른 언급에서도 확인할 수 있다. 그가 남긴 1756년 10월 3일자 일기에는 '아침에 나와 나의 아내 그리고 조카가 프램필드(Framfield)로 갔으며 …… 나의 아내와 내 어머니의 가족은 오진 예배에 참석했다 ……'

399) Samuel Johnson, *A dictionary of the English language: in which the words are deduced from their originals, and illustrated in their different signfications by examples from the best writers. To which are prefixed, a history of the language, and an English grammar* (London, Printed by W. Strahan, for J. and P. Knapton [etc.], 1755), vol. 1. 'family' 항 참조.

400) Thomas Turner, *Diary*, 22 Apr. 1764 quoted in Naomi Tadmor, "The concept of the household-family in eighteenth-century England," *Past and present*, 150 (1996), p.117.

401) Tadmor, 'The concept of the household-family' p.117.

402) ibid.

는[403] 사실이 기술되어 있다. 이는 터너가 자신의 가족과 어머니 가족을 구별했다는 것을 분명히 하는 것이다. 터너 어머니의 가족이 터너부인(Mrs Elizabeth Turner)과 함께 생활하는 자들을 가리키기 때문이다.[404]

터너와 유사한 사례는 다른 저작에서도 발견할 수 있다. '1773년에 애르부스노트(John Arbuthnot)의 가족은 17명으로 거기에는 그 자신, 아내, 3명의 자녀 그리고 12명의 서번트가 포함되었다'는 것이 바로 그것이다.[405]

이처럼 18세기 잉글랜드의 가족은 오늘날의 가구와 흡사했다. 혈연이나 혼인보다는 동거 여부가 그것을 구성하는 핵심 요소였다. 혈연 혹은 혼인에 의한 친족들과 자신과 함께 동거하는 가족을 구별한 터너의 사례는 그것을 보다 분명히 한다.[406]

당시 잉글랜드의 가족 형성은 대체로 혼인, 도제 그리고 서번트처럼 일종의 계약 관계에서 비롯했다. 그러나 일단 계약이 이루어지면 가장은 그 구성원을 부양하고 보호해야 했다.[407] 실제로 터너의 일기

---

403) Thomas Turner, *Diary*, 3 Oct. 1756 quoted in Tadmor, "The concept of the household-family," p.119.

404) 그러한 사실은 1756년 10월 11일자 일기에도 확인할 수 있다. '나의 형제가 집에 머물렀으며 …… 나의 가족과 함께 식사를 했다 ……'는 언급이 바로 그것이다; Thomas Turner, *Diary*, 11 Oct. 1756 quoted in Tadmor, "The concept of the household-family," p.121.

405) John Arbuthnot, *An inquiry into the connection between the present price of provisions, and the size of farms: with remarks on population as affected thereby: to which are added, proposals for preventing future scarcity by a farmer* (London: Cadell, 1773), p. 26.

406) 터너는 친척 관계를 암시할 때 'friends'와 'relations를 사용했다. family가 가구 성원을 의미했듯이 friends와 relations는 부모, 형제 그리고 처족 등을 뜻했다; Tadmor, "The concept of the household-family," p.122.

407) 근세 영국의 청년들은 서번트 생활을 하는 동안에는 숙식이 제공되기 때문에 빈곤이나 굶주림의 위협은 거의 없었다. 그러나 혼인 후 그들의 상당수는 영세한 노동자가 되었기 빈곤이라는 문제에 직면하게 되었다. 친족과 함께 거주하는 것이 예외적인 상황하에서 그것을 해결하기 위해 등장한 것이 바로 빈빈법이었다; Laslett, *The world we have lost*, pp.13~4; Wrightson, *English society*, p.141.

에는 먹거리에 관한 내용이 자주 언급된다.408) 이는 고용주가 지닌 부양자로서의 의무감을 엿볼 수 있는 단서라 하여도 좋을 것 같다. 그러한 사실은 1766년에 출간된 익명의 한 저작에서도 확인할 수 있다.

> '소규모 차지농들은 국가에서 필요로 하는 가장 훌륭한 서번트의 보고이다. 그들은 부지런하고 덕망 있는 젊은 남녀를 키우는 양성소 역할을 한다.'409)

위의 언급은 고용주의 역할, 즉 '훌륭한 어버이로서의 지위'(good parentage)를410) 잘 나타낸다. 다시 말하면 당시 잉글랜드의 서번트들은 일상생활에서 그들의 가장, 즉 고용주로부터 임금을 받고 일을 배우면서 그의 지시를 받아야 했던 것이다.411) 고용주들이 그들이 고용한 서번트의 신앙생활까지도 감독하고 독려했던 사실도 그것을 뒷받침해준다.412)

이처럼 18세기 잉글랜드의 가족은 가부장의 권위 인정과 더불어 가부장은 그의 가족 구성원을 보호한다는 일종의 의무감에 그 바탕을 두었다.413) 그렇기 때문에 당시 잉글랜드의 가족은 사회 갈등

---

408) Tadmor, "The concept of the household-family," p.121.

409) Anon., *An address to the p_______t, in behalf of the starving multitude. Pointing out the causes of the present high prices of provisions: with easy and effectual methods how to make them cheap* (London: Printed for the author, 1766), p. 36.

410) Friedrichs, *The early modern city*, p.181.

411) Lenore Davidoff, 'The family in Britain', in F. M. L. Thompson(ed.), *The Cambridge social history of Britain 1750~1950*, vol. 2. *People and their environment* (Cambridge: Cambridge University Press, 1990), p. 88. 서번트 생활에 대해서는 김성룡, '근세 영국의 서번트와 그 역사상', pp.163~71 참조.

412) Thomas Truner, *The diary of Thomas Turner 1754~1765* edited by David Vaisey (Oxford: Oxford University Press, 1984), p. 58.

413) 물론 그러한 관계가 제대로 유지되지 못한 경우도 있었다. 서번트와 고용주와의 분쟁을 법적인 중재로 해결한 사실을 그 단적인 예로 들 수 있을 것이다; 김성룡, '근세 영국의 서번트와 그 역사상', pp.164~5.

(social conflict)을 완화시킬 수 있는 일종의 안전판 역할을 수행했다고 볼 수 있다. 서번트의 경우는 더욱 그러했다. 고용주들은 대체로 계약 기간 동안 서번트를 자신의 자녀와 같이 부양했다.[414] 이른바 은고적 온정주의라 할 수 있는 고용주와 서번트와의 유대 관계는 퍼킨이 말하는 후원(patronage)이라 할 수 있다.[415] 그것이 서로가 서로를 이해할 수 있는 계기가 될 수 있었던 것이다.[416] 다시 말하면 고용주와 서번트의 관계가 가족 세계의 중요한 한 부분을 이룬 상황이 수직적 지위 집단 간의 갈등을 극소화시키고 유대를 형성할 수 있는 주요 배경이 되었다는 것이다.

그러나 18세기 중반 이후 상황은 달라졌다. 인구 증가와 그에 따른 농업의 경영 변화는 당시 잉글랜드의 가족에 심대한 영향을 주었다. 무엇보다도 농업 경영자들은 서번트 고용에 신중을 기하게 되었다. 1년 동안 숙식을 제공하는 서번트를 고용하는 것보다 필요할 때마다 이루어지는 노동자 고용이 더 유리하게 되었기 때문이다.[417]

서번트의 고용을 꺼리는 분위기는 고용 방식에서도 잘 나타났다. 51주 혹은 고용 시작 일을 미가엘 축일이 지난 며칠 후로 정하는 1년 미만의 고용 계약이 바로 그것이다.[418] 그렇다면 1년이 채 안 되는

414) Davidoff, "The family in Britain," in Thompson(ed.), *The Cambridge social history of Britain*, vol. 2, p. 88. 고용주의 자녀와 서번트가 혼인하거나 고용주나 그 아내가 죽었을 때 서번트가 그 자리를 대신했던 경우도 있었다.

415) Perkin, *The origins of modern English society*, p. 17.

416) Ilank Krausman Ben-Amos, "Service and the coming of age of young men in seventeenth-century England," *Continuity and change*, 3 (1988), p. 42; 고용주의 자녀와 서번트가 혼인하거나 고용주나 그 아내가 죽었을 때 서번트가 그 자리를 대신했던 경우도 있었다; Davidoff, 'The family in Britain', in Thompson(ed.), *The Cambridge social history of Britain*, vol. 2, p. 88.

417) Hasbach, *A history of the English Agricultural Labourer*, pp. 85, 187.

418) *ibid.*, pp. 75~7.

서번트의 고용 관행이 나타난 원인은 무엇일까? 한마디로 그것은 구빈 지출을 억제하기 위해 나타난 것이다. 당시 지역 교회의 관리 영역에서 서번트들이 정주권을 획득하는 것을 억제한 것도 바로 그와 같은 이유에서 비롯되었던 것이다. 실제로 1년 동안 고용된 서번트가 정주권을 획득했을 경우 해당 지역에서는 그 고용주에게 £50의 벌금을 물리는 제재 조치가 취해지기도 했다.[419] 또한, 다른 곳에서도 정주권을 얻을 수 있는 서번트에게 £2를 지급하면서 이동을 권장하는 경우도 생기게 되었다.[420]

당시 이루어진 서번트의 고용 억제를 위한 대책은 서번트 생활에 대한 흥미를 반감시켰을 뿐만 아니라 갈등의 원인이 될 수 있었다. 특히 미가엘 축일 직후에 행해진 고용은 더욱 그러했다. 1년 동안 서번트 생활을 했다고 해도 별다른 무리가 없을 법하지만 정주・추방법의 규정에서는 며칠이 모자랐기 때문이다.

발레이(Charles Varley)의 회고가 그것을 잘 보여준다. 18세기 중반에 그는 미가엘 축일 직후 서번트 고용 생활을 시작했다. 발레이는 1년간 고용되어 당연히 정주권을 가지고 있다고 생각했다. 그래서 그는 혼인하여 서번트 생활을 마감했다. 그러나 곧 발레이는 고용 기간이 1년에서 2일이 모자랐기 때문에 해당 지역에서 정주권을 주장할 수 없다는 것을 알게 되었다. 그래서 그는 아내와 별거하고 다른 지역에서 혼인한 사실을 숨기고 서번트 생활을 하게 되었다. 그 후 발레이는 정주권을 획득한 후에 다시 가정을 이루었다.[421]

---

419) Hill, *Women, work, and sexual politics in eighteenth-century Engalnd*, p. 81.

420) C. R. Oldham, "Oxfordshire poor law papers," *Economic history review*, 5 (1934~5), pp. 88~9.

421) Charles Varley, *The modern farmer's guide, by a real farmer* (Glasgow, 1768), pp. xxv~xxvi. Snell, *Annals of the labouring poor*, p. 99에서 재인용.

그러한 상황은 고용주와 서번트가 가족으로 인식되던 종래의 주거 공동체라는 유대에 심각한 문제를 야기했다. 숙식을 함께하는 관행이 토지를 소유한 엘리트와 다수의 차지농에게 용납되지 않았기 때문이다. 서번트의 고용이 쇠퇴하면서 나타난 전통적인 유대 관계의 단절은 당시에도 많은 비판을 받았다. ① 숙식 제공보다 임금을 주는 것이 더 경제적이었기 때문에 차지농들이 서번트 고용을 꺼렸으며 ② 그것은 '지독한 주식 매매업 체제'(infernal stock-jobbing system)였다는 코벳의 1825년 언급을 그 단적인 예로 들 수 있다.[422]

그뿐만 아니라 그러한 고용 쇠퇴는 상호 배타적인 관계를 형성하게 했다. 서번트를 더 이상 그들의 가족으로 간주하지 않았기 때문이다. 그것은 아래에서 잘 나타난다.

> 숙식을 함께하는 전통은 토지를 소유한 엘리트와 많은 차지농에게는 사회·경제적으로 용납되지 않았다. 이들은 자신의 자녀들을 더 이상 천한 사람들과 한 테이블에 앉히고 싶어 하지 않았기 때문이다. 그들은 이제 구시대의 가부장적 가정처럼 같은 가족 구성원이 아니었다.[423]

그와 같은 상황은 다음의 사실에서도 찾아볼 수 있다. 종래에는 함께 식사를 하고 생활함에 따라 사생활이 공개된 것과는 달리 사생활을 보호할 수 있도록 침실, 식당 그리고 응접실 등이 구분되도록 집의 구조가 바뀐 것이 그것이다.[424]

---

422) Redford, *Labour migration in England*, p. 77.

423) *ibid.*

424) Michael Anderson, *Approaches to the history of the western family 1500~1914* (London: Macmillan, 1989(1980)), p. 46.

서번트 고용의 쇠퇴를 특징으로 하는 곡물 농업은 당시 잉글랜드 사회에 심각한 문제로 이어질 수 있었다. 종전 같으면 서번트 생활을 했을 청년에게는 희망의 상실이라는 좌절과[425] 사회적 갈등으로 이어질 수 있었다.

그러한 상황은 당장, 농업 노동자들의 통제를 어렵게 했다. 당시 농업 노동자들은 국교회보다 기복적 신앙에 관심을 보이기 시작했다. 경제적 어려움에 처한 농업 노동자의 경우 종교 집회에 참석하여 자신이 가진 질박한 고민으로부터 위안과 돌파구를 찾는 것은 당연한 일이었다. 그러나 그들은 그 이상을 요구했다. 자신이 처한 불행이 즉시 해결되기를 원했다. 농업 노동자들은 악령이나 불운이 그들이 처한 비참한 상태의 원인이라고 믿었고, 그것이 제거되기를 희망했다. 나아가 새로운 물질적 축복이 즉시 나타나기를 희망했다. 1813년 솔즈버리(Salisbury) 지역의 집회에서 나타난 다음과 같은 사실을 그 단적인 예로 들 수 있을 것이다.

> 강력한 죄의식을 느끼고는, 하나님의 구원을 강력하게 희망했다. 우리의 기도회에서 전체적인 울부짖음은 오 주여! 이제 우리에게 부요함을 주옵소서였다.[426]

물론 농업 노동자들이 원하는 즉각적인 문제 해결은 전혀 불가능한 것이 아닐 수 있었다. 그렇다고 그것이 반드시 담보될 수도 없었다. 바로 그 점이 농업 노동자의 통제를 어렵게 할 수 있었다. 그와

---

425) 노동자들이 생계 유지를 위해 일찍 혼인하여 부양 가족을 늘리는 것이 생계 유지에 오히려 도움이 되었다는 사실이 그것을 뒷받침한다.

426) George Gellard, "Letter," *Methodist magazine* (1816), p. 462.

관련하여 19세기 중반에 콕스(John Cox) 목사가 남긴 언급이 시사적이다. '그들이 어떻게 생각하고 있는가를 도무지 알 수 없다'는[427] 그의 언급이 사회적 유대 관계의 단절에 관한 한 단면을 보여준다.

그뿐만 아니라 당시 농업 노동자들은 자신들이 처한 열악한 삶을 두고 투쟁하는 모습을 보이기도 했다. 실제로 1816년에 발발한 이스트 앵글리아(East Anglia), 케임브리지셔(Cambridgeshire), 노퍽 그리고 서퍽 등의 소요 사태는 임금이나 음식물과 같은 생계 문제가 그 중요한 요인이었다.[428] 이스트 앵글리아의 저항 과정에 나타난 '빵이 아니면 피'(Bread or blood)라는 구호가 그것을 잘 나타낸다.[429] 그와 같은 추세는 계속되었다. 1822년의 노퍽과 서퍽, 1830년의 스윙 폭동(Swing Rebellion) 등도 마찬가지였다.[430] 당시 농촌 지역의 범죄 가운데 과일, 감자, 토끼 그리고 곡식 등을 훔치는 이른바 '생계형 범죄'(crimes of survival)가 대부분이었다는[431] 것도 염두에 둘 필요가 있을 것 같다.[432]

---

427) *S. C. on settlement and poor removal*, 11 (1847), p. 497.

428) A. Charlesworth, "The East Anglian protests of 1816," in A. Charlesworth(ed.), *An atlas of rural protest in Britain 1548~1900* (London: Croom Helm, 1983), pp.146~8.

429) A. J. Peacock, *Bread or blood: a study of the agrarian riots in East Anglia in 1816* (London: Gollancz, 1965), pp. 78~9.

430) Barry Reay, *Rural Englands: labouring lives in the nineteenth century* (Basingstoke: Palgrave Macmillan, 2004), p.149.

431) G. Rudé, *Criminal and victim: crime and society in early nineteenth-century England* (Oxford: Clarendon Press, 1985), p. 79.

432) 18세기 말 이후 잉글랜드의 농업 노동자의 삶, 신앙 그리고 저항 등에 대해서는 김성룡, "산업 혁명 시기 영국의 농업 경제 변화와 복음주의의 부흥," 『大丘史學』 第87輯 (2007), pp. 235~73 참조.

# Ⅵ. 맺음말

18세기 잉글랜드의 인구는 약 133%(1681년, 4,930,385명 → 1821년, 11,491,850명)라는 비약적인 증가를 보였다. 본 연구는 당시 나타난 인구 변동의 원인 및 구조는 물론 증가한 인구를 부양하기 위해 어떠한 농업 경영이 이루어졌으며, 또 그것이 당시 농업 사회에 미친 영향이 과연 무엇이었는가를 살펴보는 데 그 목적을 두었다. 그 결과 대체로 다음과 같은 사실을 알 수 있었다.

첫째, 18세기 잉글랜드의 인구 변동에 관한 연구는 오랜 기간 동안 『지역 교회의 등록 대장 적요』에 그 바탕을 두었다. 그것은 1801년에 실시된 인구 조사의 결과 가운데 하나였다. 센서스를 주관한 릭만은 당시 인구 정보뿐만 아니라 1538년 이래 작성된 『지역 교회의 등록 대장』으로부터 세례, 장례 그리고 혼인의 기록을 수합했다. 그렇기 때문에 『지역 교회의 등록 대장 적요』는 18세기 잉글랜드의 인구를 직접 조사한 결과는 아니었다.

사실, 영국의 경우 유럽의 여타 국가에 비해 인구 조사는 늦게 실시되었다. 그러나 그것이 18세기 잉글랜드인들이 인구 변동에 무관심했다는 것을 결코 의미하지는 않는다. 오히려 상당한 관심이 지속적으로 표명되고 있었다. ① 센서스에 대한 부정적인 시각이 18세기 말에 이르러 실시하자는 쪽으로 방향이 바뀐 것이나 ② 고대가 당시보다 우월했다는 이른바 고대의 영광이라는 관념에서 비롯된 인구 감소론이 점점 설득력을 잃어가고 있었다는 사실을 그 예로 들 수 있을 것이다.

『지역 교회의 등록 대장 적요』의 결과는 무엇보다 18세기 잉글랜드에서 제기된 인구 감소론을 불식시킬 수 있었다. 그뿐만 아니라 그것은 18세기 잉글랜드에 관한 최초의 통계 자료로 사료적 가치가 인정되어 수정 · 보완을 통해 인구사 연구에 오랫동안 사용되었다. 그러나 『지역 교회의 등록 대장』 그 자체가 지니는 기록의 누락이나 보관 상태와 같은 문제 등으로 인해 『지역 교회의 등록 대장 적요』의 신뢰성에 의문이 제기되었다. 그 결과 1960년대 이후 잉글랜드의 역사 인구학은 새로운 접근을 모색할 수밖에 없었다.

둘째, 18세기 잉글랜드의 인구 변동과 그 양상과 원인을 규명하게 된 데는 1964년에 설립된 케임브리지 그룹의 역할이 그 바탕이 되었다. ￡2의 사례금만 받은 자원 지방사가들에 의해 『지역 교회의 등록 대장』이 다시 조사되었으며, 케임브리지 그룹은 그것을 역사 인구학적인 방법을 고안 · 적용하여 분석했다. 그 결과 종래의 견해가 다시 검토되고 수정되게 되었다.

그와 같은 경우의 대표적인 예로 18세기 전반에는 인구 증가가 미약했고 후반에 그것이 현저해졌다는 종래의 견해에 비판이 제기된 것을 지적할 수 있다. 『지역 교회의 등록 대장 적요』에 바탕을 둔 종래의 연구는 18세기 전반부에 대체로 연평균 0.05%라는 미미한 증가를 보인 반면 후반부에는 매년 약 0.71% 증가한 사실을 제시했다. 그러나 최근의 추계는 잉글랜드의 인구는 18세기 전반부에 연평균 약 0.30% 그리고 후반부에 매년 약 0.71% 증가한 사실을 보여준다. 즉 비록 전반부보다 후반부에 2배 정도 높은 증가율이 나타났지만, 18세기 전반부에 미미한 인구 증가를 보였다는 종래의 평가는 사실과 다분히 거리가 있었다.

한편, 역사 인구학의 방법을 적용한 분석의 결과는 사망력보다 출산력이 18세기 잉글랜드의 인구 증가를 좌우했음을 제시한다. 출산력이 일정할 때 사망력이 감소하여 생길 수 있는 인구 증가와 그 반대의 경우를 케임브지지 그룹이 개발한 소급 추적법을 통한 분석의 결과는 대체로 다음과 같은 사실을 보여준다. 즉 출산력 증가가 사망력 감소보다 인구 증가에 2.5배 정도 더 많은 기여를 했다는 것이 바로 그것이다.

셋째, 18세기 잉글랜드에 나타난 인구 변동은 자원과 현재의 경제적 여건 사이의 균형에 의해 유지되는 구조였다. 당시 잉글랜드의 인구 증가는 유아 사망률이나 사산율의 감소보다는 혼인 연령의 저하와 독신율의 감소가 그것의 주된 요인이었다. 사실, 18세기 잉글랜드의 출산력 증가는 혼인한 부부 사이의 자녀의 증가, 즉 혼인 출산력의 변동에서 비롯되지는 않았다. 당시 잉글랜드의 경우 인위적인 산아 제한이 행해지지 않은 자연 출산력의 상태였기 때문이다. 따라서 그와 같은 상황에서 혼인력의 증가, 즉 혼인 연령이 저하되고 독신율이 감소하게 되면 출산력은 자연, 증가할 수밖에 없었다. 역사 인구학적인 추계는 실제로 그와 같은 사실을 보여준다. 18세기 잉글랜드의 경우 여성의 혼인 연령은 2.9세 정도 낮아지고 독신율 역시 약 50% 감소했다. 즉 당시 잉글랜드의 인구 증가는 혼인력의 변동에 따른 출산력 증가에 의해 비롯된 것이다.

이처럼 18세기 잉글랜드 사회는 맬서스가 말하는 적극적 억제, 즉 사망력에 의해 인구가 조절되는 고압 체제가 아니라 예방적 억제, 즉 혼인력의 변동에 의한 인구 변동이 나타나는 저압 체제였다. 당시 잉글랜드의 저압 체제는 일인당 수입의 증가와 자본 축적이라는 구조적 장점을 지니고 있었다. 만혼과 독신이 가져온 낮은 출산력이 자본 축적과 산업 혁명을 가능하게 했다는 견해에서 그것을 확인할 수 있다.

당시 잉글랜드의 저압 체제는 라슬레가 발견한 삶의 과정으로서의 서번트로 설명할 수 있다. 경제적인 여건이 뒷받침되어야 혼인이 가능한 여건에서 그 생활이 가정을 이룰 수 있는 계기를 제공해 주었기 때문이다. ① 서번트 생활이 급료의 저축과 습득한 기술을 통해 성인으로 살아갈 수 있는 기반 마련과 배우자를 선택할 수 있는 계기가 되었으며 ② 1년간의 고용 생활은 해당 지역으로부터 구호를 받을 자격이 부여되는 정주권을 가질 수 있게 했던 것이다. 그렇기 때문에 18세기 잉글랜드의 서번트 생활은 동남부 농업 지역의 인구 변동에 중요한 영향력을 행사할 수 있었다. 혼전의 청년들이 서번트 생활로 인해 상당 기간 독신으로 생활했기 때문에 인구 증가가 억제될 수 있었던 것이다. 서번트의 고용이 활성화된 18세기 전반의 인구 증가율과 고용이 쇠퇴하는 후반의 그것과의 비교에서 그와 같은 사실을 알 수 있다.

넷째, 18세기 잉글랜드의 인구 증가는 혼합 농업에서 곡물 농업으로의 경영 변화로 이어졌다. 당시 잉글랜드의 농업은 다분히 시장 지향적이었다. 지주, 차지농 그리고 노동자의 3층 구조가 확립되었다는 사실이 그것을 뒷받침한다. 그렇기 때문에 18세기 잉글랜드의 시장 지향적 농업은 증가한 인구의 부양, 즉 새로운 시장 수요에 대응해야 했다. 차지농의 관심이 지대를 감당할 수 있는 작물에 집중되었다는 당대인의 언급이 당시 상황을 잘 나타낸다. 그 결과 동남부 농업 지역은 밀 경작지로 변해갔으며, 18세기 말 무렵 밀은 잉글랜드의 주곡으로 자리 잡게 되었다.

이처럼 18세기 잉글랜드의 밀 특화 현상은 인구 증가로 인한 곡물 수요의 증대에서 비롯되었다. 당시 잉글랜드의 농업은 국가 전체적인 측면에서 보면 대체로 성공적이었다. 18세기 말의 경우 농업 인구가 전체의 약 1/3을 차지하는 상황에서도 약간의 수입만으로 증가하는 인구를 부양할 수 있었기 때문이다. 실제로 1에이커당 약 44% 증가한 잉글랜드의 농업 생산성은 유럽의 여타 국가에서는 기의 찾아볼 수 없는 현상이었다.

끝으로, 18세기 잉글랜드에 나타난 농업의 경영 변화는 증가한 인구의 부양에도 불구하고 오히려 해당 지역의 농업 노동자에게 부정적인 영향을 미쳤다. 18세기 중반 이후 추구된 곡물 농업은 혼합 농업과 달리 파종기와 추수기, 즉 농번기에 노동력을 특히 필요로 했다. 자연, 농업 경영자들은 곡물 가격이 상승하는 여건에서 숙식을 함께 하는 서번트보다 노동자의 고용을 선호하게 되었다. 그러한 상황은 18세기 말 무렵 더욱 두드러졌다. 필요할 때마다 노동자를 고용하는 것이 고용주에게는 경제적이었기 때문이다. 그것은 행정적인 조치로 이어졌다. 서번트의 고용으로 인해 정주권이 부과될 경우 고용주에게 벌금을 부과한 것이 바로 그것이다. 그 결과 서번트에게 정주권을 주지 않기 위해 고용 기간을 1년에서 며칠 모자라게 하는 비정상적인 현상이 나타나기도 했다. 자연, 서번트의 고용은 억제되고 그 의미는 점차 가사일 종사자로 한정되기 시작했다.

한편, 서번트의 고용 쇠퇴는 혼인 양태에도 영향을 미치게 되었다. 곡물 추수시 남녀의 작업 차이로 인해 임금 격차가 커짐에 따라 부모들은 점차 자녀 가운데 여성보다 높은 임금을 받는 남성은 오래 동안 집에 머물게 하고 여성은 일찍 혼인하도록 권하기 시작했다. 그뿐만 아니라 혼합 농업에서 곡물 농업이 추구되면서 고용이 주로 농번기에 집중됨에 따라 가난한 노동 능력자들은 농한기에 그들의 생계 유지에 많은 어려움을 겪게 되었다. 그 과정에 농번기에 필요한 노동력을 확보하기 위해 농한기에 가난한 노동 능력자에게 빵값을 보조하는 원외 구호의 실시는 또 다른 상황을 초래했다. 농한기에 가난한 노동 능력자들의 이동을 억제하기 위해 실시된 정책이 오히려 인구 증가를 가져왔기 때문이다. 18세기 말에 도입된 스피넘랜드 제도로 대표되는 그것은 일정한 경제적 기반을 마련한 후 혼인하는 종래의 관행과 달리 원외 구호를 받으려는 청년들의 혼인을 재촉했다. 또한 가난한 노동 능력자들은 일거리가 없을 때 더 많은 지원을 받기 위해 부양 가족을 늘리기 시작했다. 구빈 지출이 빈민을 증가시킨다는 맬서스의 우려는 그 시대상을 정확하게 반영했던 셈이다.

곡물 농업이 추구되면서 야기된 고용 관계의 변화는 당시 가난한 노동 능력자들의 희망을 앗아갔다. 사실, 원산업화의 좌절로 인한 농업으로의 회귀는 농업 노동자의 빈곤으로 이어졌다. 증가한 인구로 인해 노동력이 보다 풍부해지면서 농업 노동자의 실질 임금은 오히려 감소했다. 먹거리조차 충분하지 않을 정도였다. 그 결과 그들의 어려움을 극적으로 해결하기 위해 18세기 말, 잉글랜드의 농업 노동자들의 신앙 양태는 다분히 기복적인 모습을 보이기 시작했다. 문제는 그것이 당장 이루어지지 않았다는 것이다. 또한 서번트의 고용이 쇠퇴하면서 고용주와 함께 숙식을 하면서 유지되던 사회적 유대 관계는 단절되기 시작했다. 그것은 집을 중심으로 주거와 노동이 이루어지는 전통적인 고용 관계의 붕괴를 의미하는 것이다. 그 결과 가족으로 여겨지던 고용주와 서번트의 관계는 단절되었다. 자연, 서로를 이해할 수 있는 계기가 사라질 수밖에 없었고 그것은 사회 갈등으로 이어졌다. 좌절과 굶주림에 대한 불만으로 야기된 일련의 소요 사태가 사회적 유대 관계의 단절과 갈등의 고조를 반영하는 예라 할 수 있다.

요컨대 18세기 잉글랜드의 인구 변동은 혼인력과 서번트 생활을 통해 출생이 조절되던 저압 체제였다. 그러나 약 133%라는 비약적인 당시 잉글랜드의 인구 증가는 농업의 경영 변화와 저압 체제의 동요로 이어졌다. 사실, 18세기 중반 이후 잉글랜드에서 추구된 곡물 농업은 증가한 인구를 대부분 부양할 수 있었다. 그러나 그 과정에 서번트의 고용은 쇠퇴하고 농한기와 농번기에 따른 계절적 실업과 남녀의 임금 격차는 확대되었다. 그 결과 농업 노동자의 빈곤은 심화되었으며, 가족으로 여겨졌던 종래의 고용주와 서번트와의 유대 관계는 단절되었다. 18세기 말, 잉글랜드의 농업 사회에서 농업 노동자들의 기복적 신앙 양상과 굶주림에 대한 불만으로 야기된 일련의 소요 사태는 바로 그러한 상황에서 비롯되었던 것이다.

# 참고문헌


Allen, R. C., and C. Ó Gráda, "On the road again with Arthur Young," *Journal of economic history*, 48 (1988).

Anagram, Martin, "Spousals litigation in the English ecclesiastical courts, c. 1350-1640," in Outwaite, R. B., ed., *Marriage and society: studies in the social history of marriage* (London : Europa 1981).

Anderson, Michael, "Household structure and the industrial revolution; mid-nineteenth-century Preston in comparative perspective," in Laslett, Peter and Richard Wall, eds., *Household and family in past time* (Cambridge: Cambridge University Press, 1972).

________, *Population changes in north-western Europe, 1750-1850* (London: Macmillan, 1988).

________, *Approaches to the history of the western family 1500-1914* (London: Macmillan, 1989(1980)).

Arthington, Henry, *Provision for the poore now in penurie out of the store-house of gods plentie* (London: Printed by Thomas Creede, 1597).

Beckett, J. V., *The agricultural revolution* (Oxford: Basil Blackwell, 1990).

Bell, William, *A dissertation on the following subject-what causes principally contribute to render a nation populous? and what effect has the populousness of a nation on its trade? : being one of those to which were adjudged the prizes given by the Right Honourable the Lord Viscount Townshend to the University of Cambridge, in the year 1756, and read there in the public schools on Friday, July the 2nd* (Cambridge: printed by J. Bentham.

Sold by W. Thurlbourn, and T. Merrill; also by J. Whitson & B. White, R. & J. Dodsley, B. Dod, and M. Cooper, London; J. Fletcher, R. Clements, and S. Parker, at Oxford; J. Pote at Eton; J. Hildyard at York; and J. Frederick at Bath, 1756).

Beringer, Richard E., *Historical analysis* (New York: John Wiley and Sons, 1976)

Bland, A. E., P. A. Blown and R. H. Tawney, eds., *English economic history: seclect documents* (London: C. Bell & Sons, 1914).

Blaug, Mark, "The old poor law report reexamined', *Journal of economic history*, 24 (1964).

Bonfield, Lloyd, Richard Smith, and Keith Wrightson, eds., *The world we have gained: histories of population and social structure* (Oxford: Blackwell, 1986).

Bowden, Peter J., 'Agricultural prices, farm profits and rent, 1500-1640', in Bowden, Peter J., ed., *Economic change: price, wages, profits and rents 1500-1750* (Cambridge: Cambridge University Press, 1990).

Boyer, George R., "An economic model of the English poor law circa 1780-1834," *Explorations in economic history*, 22 (1985).

_______, *An economic history of the English poor law 1750-1850* (Cambridge: Cambridge University Press, 1990).

Brakenridge, William, "A letter from the Reverend William Brakenridge, D.D. and F.R.S. to George Lewis Scot, Esq., F. R. S., concerning the number of inhabitants within the London bills of mortality," *Philosophical transactions of the royal society*, 48 (1755).

__________, "A letter to George Lewis Scot, Esquire, concerning to the present increase of the people on Britain and Ireland," *Philosophical transactions of the royal society*, 49 (1756).

Brewer, John, *The sinews of power: war, money, and the English state, 1688-1783* (New York: Knopf, 1989(1988)).

Brooke, Christopher N. L., "Marriage and society in the central middle ages," in Outwaite, R. B., ed., *Marriage and society: studies in the social history of marriage* (London : Europa 1981).

Brown, John, *An estimate of the manners and principles of the times* (London: Printed for L. Davis, and C. Reymers, 2nd edn., 1757(1757)).

Caird, James, *English agriculture in 1850–51* (Lodon: Cassc, 2nd edn., 1966(1851)).

Campbell, B. M. S., "Agricultural progress in medieval England: some evidence from eastern Norfolk," *Economic history review*, 2nd ser., (1983).

Chambers, J. D., "Population changes in a provincial town, Nottingham 1700-1800," in Pressnell, L. S., ed., *Studies in the industrial revolution: presented to T. S. Ashton* (Nottingham: John Dickens, repr., 1964(1960)).

Chambers, J. D., and G. E. Mingay, *The agricultural revolution, 1750–1880* (London: Bastford, 1966).

Chartres, J. A., "Road caring in England in the seventeenth century: myth and reality," *Economic history review*, 2nd ser., 30 (1997).

___________., "The marketing of agricultural produce, 1640-1750," in Chartres, J. A., ed., *Agricultural markets and trade, 1500–1720* (Cambridge: Cambridge University Press, 1990).

Clarkson, L. A., *Proto–industrialization: the first phase of industrialization* (London: Macmillan, repr., 1991(1985)).

Coleman, D C., *The economy of England 1450–1750* (Oxford: Oxford University Press, 1977).

Coleman, David, and Roger Schofield, eds., *The state of population theory* (Oxford: Basil Blackwell, 1988).

Colquhoun, Patrick, *A treatise on indigence : exhibiting a general view of the national resources for productive labour, with propositions for ameliorating the condition of the poor, and improving the moral habits and increasing the comforts of the labouring people, particularly the rising generation, by regulations of political economy, calculated to prevent poverty from descending into indigence, to produce sobriety and industry, to reduce the parochial rates of the kingdom, and generally to promote the happiness and security of the community at large, by the diminution of moral and penal offences, and the future prevention of crimes* (London: Printed for J. Hatchard, 1806).

Coward, Barry, *Social change and continuity in early modern England 1500–1750* (London: Longman, 1988).

Craft, N. F. R., *British economic growth during the industrial revolution* (Oxford: Clarendon Press, 1985).

Cranfield, G. A., *The development of the provincial newspaper, 1700-1760* (Oxford: Blackwell, 1962).

Cunningham, Hugh, "The employment and unemployment of children in England c. 1680-1851," *Past and present*, 26 (1990).

Dalton, Michael, *The countrey justice: containing the practice of the justices of the peace out of their sessions: gathered for the better help of such justices of peace as have not been much conversant in the studies of the laws of this realme* (London: Printed by the assignes of John More, Esquire, 1635)

Daunton, M. J. D., *Progress and poverty: an economic and social history of Britain 1700-1850* (Oxford: Oxford University Press, 1995).

Davenant, C., *An essay upon the probable methods of making a people gainers in the balance of trade* (London, 1699).

Davies, David, *The case of labourers in husbandry stated and considered with an appendix containing a collection of accounts, shewing the earning and expenses of labouring families in different parts of the kingdom* (New York: Sentry Press, repr., 1974(1795)).

Deane, Phillis, *The first industrial revolution* (Cambridge: Cambridge University Press, 2nd edn., 1981(1965)).

Defoe, Daniel, *Giving alms no charity, and employing the poor a grievance to the nation, being an essay upon this great question, whether work-houses, corporations, and houses of correction for employing the poor, as now practis'd in England; or parish-stocks, as propos'd in a late pamphlet, entituled, a bill for the better relief, imployment and settlement of the poor, &c. are not mischievous to the nation, tending to the destruction of our trade, and to encrease the number and misery of the poor* (London: printed, and sold by the booksellers of London and Westminster, 1704).

___________, *A tour through England and Wales*, vol. 1. (London: J.M. Dent & Sons Ltd., Everyman's Library edn., 1928(1717-24)).

___________, *The complete English tradesman: directing him in the several parts and progressions of trade, from his first entring upon business, to his leaving off, particularly with regard to diligence, over-trading, diversions ... with useful generals in trade, describing the principles and foundations of the home trade of Great-Britain: with tables of the British manufactures* (London: Printed for J. Rivington, 1745).

Denley, Peter, Stefan Foolgelvik and Charles Harver, eds., *History and computing II* (Manchester: Manchester University Press, 1989).

Digby, Anne, and Charles Feinstein, eds,, *New directions in economic and social history* (London: Macmillan, 1989).

Digby, Anne and Charles Feinstein and David Jenkins, eds., *New directions in economic and social history*, vol. 2 (London: Macmillan, 1992).

Drake, Michael, "Introduction: local population studies," in Drake, Michael, ed., *Population studies from parish registers* (Matlock: Local Population Studies, 1982).

Edile, C. A., "The Irish cattle bills; a study in restoration politics," *Transactions of the American philosophical society*, 60 (1970).

Elton, G. R., *England under the Tudors* (London: Methuen, 1974).

Emmer, P. C., ed., *Colonialism and migration: indentured labour before and after slavery* (Hingham: Kluwer Academic Publishers, 1986).

Ernle, Lord, *English farming: past and present* (London: Longamns Green, 3rd edn. 1922(1912)).

Everitt, Alan, "Farm labourers," in Thirsk, J., ed., *The agrarian history of England and Wales, 1500-1640*, vol. 4 (Cambridge: Cambridge University Press, 1967).

Eversley, D. E. C., "A survey of population in an area of Worcestershire, 1660-1850," *Population studies*, 10 (1957).

_______, "Exploitation of anglican parish register by aggregative analysis," in Wrigley, E. A., ed., *An introduction to English historical demography* (London: Weidenfeld and Nicolson, 1969).

Flinn, Micheal W., *Origins of the Industrial Revolution* (London : Longman, 1966).

_______, *British population growth, 1700-1850* (London: Macmillan, 1970).

_______, *The European demographic system 1500-1820* (Baltimore: The John Hopkins University Press, 1981)

Floud, R., "Standrad of living and industrialization," in Digby, Anne, and Charles Feinstein, eds,, *New directions in economic and social History*, (London: Macmillan, 1989).

Floud, Roderick and Donald McCloskey, eds., *The economic history of Britain since 1700*, vol. 1: *1700-1860* (Cambridge: Cambridge University Press, 1981).

Fogel, R. W., *The escape from hunger and premature death, 1700-2100: Europe, America and the third World* (Cambridge: Cambridge University Press, 2004).

Forster, R., "An extract of the register of the parish of Great Shefford, near Lambourne, in Berkshire, for ten years: with observations on the same: in a letter to Tho. Birch, D. D. Secret R. S. from the Rev. Mr. Richard Forster, rector of Great Shefford," *Philosophical transactions of the royal society*, 50 (1757).

Eden, Frederic Morton, *The state of the poor: or, An history of the labouring classes in England, from the conquest to the present period* (London: Printed by J. Davis for B. & J. White, 1797).

Gemery, Henry A., "Markets for migrants: English indentured servitude and emigration in the seventeenth and eighteenth Centuries," in Emmer, P. C., ed., *Colonialism and migration: indentured labour before and after slavery* (Hingham: Kluwer Academic Publishers, 1986).

Glass, D .V., "Population and population movement in England and Wales, 1750-1850," in Glass, D. V. and D. E. C. Eversley, eds., *Population in history: essays in historical demography* (London: Edward Arnold, 1965).

______, *Numbering the people* (Farnborough: D.C. Heath, 1973).

Goode, W., *World revolution and family* (New York: The Free Press, 1963).

Goodwyn, E. A., ed., *Selections from Norwich newspapers, 1760-1790* (Ipswich: East Anglian Magazine Ltd., 1973).

Granger, C. W. J., and C. M. Elliott, "A fresh look at wheat price and markets in the eighteenth Century," *Economic history review*, 2nd ser., 20 (1967).

Grigg, D. B., *Population growth and agrarian change: an historical perspective* (Cambridge: Cambridge University, 1980).

Gutmann, M. P., "Gold from dross? population reconstruction for the pre-census era," *Historical method*, 17 (1984).

Hajnal, John, "European marriage patterns in perspective," in Glass, D. V., and D. E. C. Eversley, eds., *Population in history: essays in historical demography* (Surrey: Edward Arnold, repr., 1974(1965)).

*Hansard*, 26 George Ⅱ, debate in the Commons on the bill for registering the number of people, 8 May 1753.

Henry, Louis, "Historical demography," *Daedalus*, 97 (1968).

Hey, David, *The Oxford guide to family history* (Oxford: Oxford University Press. 1993).

Higgs, Edward, *Making sense of the census revisited: census records for England and Wales 1801-1901; a handbook for historical researchers* (London: Institute of Historical Research, 2005).

Hill, *Women, work, and sexual politics in eighteenth-century England* (Oxford: Basil Blackwell, 1989)

Hitt, Thomas, *A treatise of husbandry on the improvement of dry and barren lands: shewing, I. the many advantages which would arise to the nation in general, by destroying of warrens, and converting the lands into tillage, pasture, &c. II. pointing out new and cheap methods to make growing fences upon the most barren soils, and how to till and manure the same at low expence. III. how to prepare the land, and raise upon it various sorts of plants, to produce both poles and timber* (London: Printed for the author, and sold by Richardson, J., and Webb, J., 1760).

Hobcrafts, J. and P. Rees, eds., *Regional demographic development* (London: The Croom Helm, 1979).

Hollingsworth, T. H., "The demography of the British peerage," *supplement to population studies*, 17 (1964).

_______, T. H., *Historical demography* (London: The Camelot Press Ltd., 1969).

Hoskins, W. G., *The midland peasants: the economic and social history of a Leicestershire village* (London: Macmillan, repr., 1965(1957)).

Houlbrooke, R., *The English family, 1450-1750* (London: Longman, 1984).

Houston, R. A., *The population history of Britain and Ireland 1500-1750* (London: Macmillan, 1992).

Hudson, P., "Proto-industrialization," in Digby, Anne and Charles Feinstein and

David Jenkins, eds., *New directions in economic and social history*, vol. 2 (London: Macmillan, 1992).

Hunt, E. H., "Industrialization and regional inequality: wages in Britain 1760-1914," *Journal of economic history*, 46 (1986)

Hutchinson, E. P., *The population debate: the development of conflicting theories up to 1900* (Boston: Houchton Mifflin Company, 1967)

Iggers, George G. and Harnold Parker, eds., *International handbook of historical studies* (London: Methuen, 1980).

Jones, E. L., "Agricultural and economic growth in England, 1660-1750: agricultural change," *Journal of economic history*, 25 (1965).

_____, "Agriculture 1700-80," in Floud, Roderick and Donald McCloskey, eds., *The economic history of Britain since 1700*, vol. 1: *1700-1860* (Cambridge: Cambridge University Press, 1981).

Karl O'Brien, Patrick, "Path dependency, or why Britain became an industrialized and urbanized economy long before France," *Economic history review*, 49 (1996).

Kennedy, Paul, *The rise and fall of the great powers: economic change and military conflict from 1500 to 2000* (New York: Random House, 1987).

Kerridge, Eric, *The agricultural revolution* (London: Allen and Unwin, 1967).

Krause, J. T., "Change in English fertility and mortality, 1781-1850," *Economic history review*, 2nd ser., 11 (1953).

Kussmaul, Anne, *Servants in husbandry in early modern England* (Cambridge: Cambridge University Press, 1981).

________, "Time and space, hoofs and gain: the seasonality of marriage in England" in Rotberg, Robert I., and Rabb, Theodore K., eds., *Population and economy: population and history from the traditional to the modern world* (Cambridge: Cambridge University Press, 1986).

________, *The autobiography of Joseph Mayett of Quainton (1783-1839)* (Cambridge: Cambridge University Press, 1986).

Laslett, Peter, *The world we have lost: further explored* (London: Methuen, 3rd edn., 1983(1965)).

_______, *Family life and illicit love in earlier generation: essays in historical sociology* (London: Cambridge University Press, reprinted with corrections, 1980(1974)).

_______, "The wrong way through the telescope: a note on literary evidence in sociology and in historical sociology," *British journal of sociology*, 23 (1976).

_______, "Gregory King, Robert Malthus and the origins of English social realism," *Population studies*, 39 (1985).

_______, "La parentéen chiffres," *Annales economics, sociétés, civilisations*, 43 (1988).

_______, "The European family and early industrialization," in Baecher, J., J. A. Hall and M. Mann, eds., *Europe and the rise of capitalism* (Oxford: Basil Blackwell, 1988).

_______, "Natural and political observations on the population of late seveenteenth-century England: reflections on the work of Gregory King and John Graunt," in Schurer, Kevin and Tom Arkell, eds., *Surveying the people: the interpretation and the use of document sources for the study of population in the later seventeenth century* (Shaftesbury: Blackmore Press, 1992).

Laslett, Peter, and Harrison, John, "Clayworth and Cogenhoe," in Bell, H. E., and R. L. Ollard, eds., *Historical essays presented to David Ogg* (London: Black, 1963).

Laslett, Peter and Richard Wall, eds., *Household and family in past time* (Cambrodge: Cambridge University Press, 1972).

Laslett, Peter, Kara Oosterveen and Richard Smith, eds., *Bastardy and its comparative hist*ory (London: Edward Arnold, 1981).

Laslett, Peter, Kenneth W. Wachter and Robert Laslett, "The English evidence on household structure compared with the outcomes of microsimulation," in Wachter Kenneth W., Eugene A. Hammel and Peter Laslett, eds., *Statistical studies of historical social structure* (New York: Academic Press, 1978).

Laurence, Anne, *Women in England 1500-1760: a social history* (New York: St. Martin's Press, 1994).

Lawton, Richard and Colin G. Pooley, *Britain 1740-1959: an historical geography* (London: Edward Arnold, 1992).

Lee, R. D. and R. S. Schofield, "British population in the eighteenth century," in

Floud R. C. and D. N. McCloskey, eds., *The economic history of Britain since 1700*, vol. 1. *1700-1860* (Cambridge: Cambridge University Press, 1981).

Livi Bacci, Massimo, *Population and nutrition: an essay on European demographic history* (Cambridge: Cambridge University Press, 1991).

Macfarlane, Alan, *The family life of Ralph Josselin: a seventeenth-century clergyman: an essay in historical anthropology* (Cambridge: Cambridge University Press, 1970).

________, *Marriage and love in England 1300-1840* (Oxford: Basil Blackwell, 1986(1987)).

Mann, Jullia de L., "Clothiers and Weavers in Wiltshire during the Eighteenth Century," in Presnell, L.S., ed., *Studies in the Industrial Revolution presented to T.S. Ashton* (London: The Athlone Press, 1960).

Mantoux, Paul, *The industrial revolution in the eighteenth century: an outline of the beginning of the modern factory system in England* (London: Jonathan Cape Ltd., new and revised edn., 1961(1928)).

Marshall, William, *Minutes of agriculture: made on a farm of 300 acres of various soils, near Croydon, Surry: to which is added, a digest, wherein the minutes are systemized and amplified, and elucidated by drawings of new implements, a farm-yard, &c* (London: Printed for J. Dodsley, 1778).

Mathis, Pater, *The transformation of England: essays in the economic and social history of England in the eighteenth century* (London: Methuen, 1979).

McKeown, T. and R. G. Brown, "Medical evidence related to population changes in the eighteenth century," *Population studies*, 9 (1955).

McKeown, T., *The modern rise of population* (London: Edward Arnold, 1976).

Mendels, Franklin, "Proto-industrialization: the first phase of the industrialization process," *Journal of economic history*, 32 (1972).

Mingay, G. E., *English landed society in the eighteenth century* (London: Routledge and Kegan Paul, 1963).

Mitchell B. R. and Phyllis Deane, *Abstracts of British historical statistics* (Cambridge: Cambridge University Press, 1962).

Montesquie, Charles Louis de Secondat, *De l'esprit des lois*, 申相楚(譯), 『法의

精神』(서울: 乙酉文化社, 1983).
Morrow, R. B., "Family limitation in pre-industrial England: a reappraisal," *Economic history review*, 2nd ser., 31 (1978).
Neuman, M., "Speenhamland in Berkshire," in Martin, E. W., ed., *Comparative development in social welfare* (London: Longman, 1972).
O'Day, Rosemary, *The family and family relationships, 1500-1900: England, France and the United State of America* (Basingstoke: Macmillan, 1994)
Oeppen, Jim, "Back-projection and inverse projection: members of a wider class of constrained projection models," *Population studies*, 47 (1993)
Oldham, C. R., "Oxfordshire poor law papers," *Economic history review*, 5 (1934-5).
Outwaite, R. B., ed., *Marriage and society: studies in the social history of marriage* (London : Europa 1981).
Overton, Mark, "Estimating crop yields from probate inventories: an example from east Anglia, 1585-1735," *Journal of economic history*, 39 (1979),
_______, "Agricultural revolution? England, 1540-1850," in Digby, Anne and Feinstein Charles, eds,, *New directions in economic and social History* (London: Macmillan, 1989).
_______, *Agricultural revolution in England: the transformation of the agrarian economy 1500-1850* (Cambridge: Cambridge University Press, 1996).
Perkin, Harold, *The origins of modern English society, 1780-1880* (London: Routledge, 1969).
Pelling, Margaret, and Richard M. Smith, eds., *Life, death, and the elderly: historical perspective* (London: Routledge, 1991).
Petersen, William, *Population* (New York: Macmillan, 1975).
Petty, William, *Two essays in political arithmetick concerning the people housing, hospitals, ets. of London* (London: printed for J. Lloyd, 1687).
Polanyi, Karl, *The great transformation* (Boston: Beacon Press, 5th printing, 1964(1944)).
Porter, Roy, *Disease, medicine and society in England, 1550-1860* (London: Macmillan, 2nd edn., 1993(1987)).
Price, Richard, "Observations on the expectations of lives, the increase of mankind,

the influence of great towns on population, and particularly the states of London with respect to healthfulness and number of inhabitants. in a letter from Mr. Richard Price, F. R. S. to Benjamin Franklin, Esq; L. L. D. and F. R. S.," *Philosophical transactions of the royal society*, 59 (1769).

__________, *An appeal to the public, on the subject of the national debt, the second edition, with an appendix, containing explanatory observations and tables; and an account of the present state of population in Norfolk* (London: printed for T. Cadell, 1772).

__________, *Observations on reversionary payments; on schemes for providing annuities for widows, and for persons in old age; on the method of calculating the values of assurances on lives; and on the national debt: to which are added, four essays on different subjects in the doctrine of life-annuities and political arithmetick: also, an appendix, the second edition, with a supplement* (London: Printed for T. Cadell, 1772).

__________, A*n essay on the population of England, from the revolution to the present time, with an appendix, containing remarks on the account of the population, trade, and resources of the kingdom, in Mr Eden's letters to Lord Carlisle* (London: Printed for T. Cadell, 1780).

Prince, Hugh C., "The change rural landscape, 1750-1850," in Mingay, G. E., eds., *The agrarian history of England and Wales*, vol. 4: *1750-1850* (Cambridge: Cambridge University Press, 1989).

Redford, Arthur, *Labour migration in England 1800-1850*, rev. by Chaloner, W. H., (Manchester: Manchester University Press, 3rd edn., 1976(1926)).

Reher, David S. and Roger Schofield, eds., *Old and new methods in historical demography* (Oxford: Basil Blackwell, 1993).

Robert, M., "Sickles and scythes: women's work and men's work at harvest time," *History workshop*, 7 (1979).

Rochefoucald F. La, *A Frenchman in England in 1784: being the mélanges sur l'agleterre of François de la Rouchefoucauld*, translated with notes. S. C. Roberts (London: Caliban Books, 1995).

Rotberg, Robert I. and Theodore K. Rabb, eds., *Population and economy from the traditional to the modern world* (Cambridge : Cambridge University Press, 1986)

Roger, C. D. and J. H. Smith, *Local family history in England* (Manchester: Manchester University Press, 1991).

Rosso, P. and C. Cramoy, "Nutrition and pregnancy," in Winick, M., ed., *Nutrition: pre-postnatal development* (New York, 1979).

Rotberg, R. I. and T. K. Rabb, *Hunger and history* (Cambridge: Cambridge University Press, 1985).

Ruggles, Steven, *Prolonged connections: the rise of the extened family in nineteenth-century England and America* (Madison: University of Wisconsin Presss, 1987).

Savile, George, *The lady's new-years gift: or, advice to a daughter* (London: printed for Matt. Gillyflower, and James Partridge, 1688).

Schofield, Roger, "The dimensions of illiteracy in 1750-1850," *Explorations in economic history*, 10 (1973).

_______, "English marriage pattern revisited," *Journal of family history*, 10 (1985).

Schofield, Roger and David Reher, "The decline of mortality in Europe," in Schofield, Roger, David Rehr and A. Bideau, eds., *The decline of mortality in Europe* (Oxford: Oxford University Press, 1991).

Schofield, Roger, David Rehr and A. Bideau, eds., *The decline of mortality in Europe* (Oxford: Oxford University Press, 1991).

Schurer, Kevin, Jim Oeppen and Roger Schofield, "Theory and methodology: an example from historical demography," in Denley, Peter, Stefan Foolgelvik and Charles Harver, eds., *History and computing II* (Manchester: Manchester University Press, 1989).

Schurer, Kevin and Tom Arkell, eds., *Surveying the people: the interpretation and the use of document sources for the study of population in the later seventeenth century* (Shaftesbury: Blackmore Press, 1992).

Sheehan, M., "The formation and stability of marriage in fourteenth century England: evidence of an Ely register," *Medieval studies*, 33 (1971).

Sidney and Webb, Beatrice, *English local government from the revolution to municipal corporations act: the parish and the county* (London: Longmans, 1906).

Slack, Paul, *The English poor law, 1531-1782* (Basingstoke: Macmillan, 1990).

Smith, James E., "Widowhood and aging in traditional English society," *Aging and society*, 4 (1984).

_____________, "Method and confusion in the study of household," *Historical method*, 22 (1989).

Smith, R. M., The structured dependence of the elderly as recent development: some sceptical historical thoughts," *Ageing and society*, 4 (1984).

__________, "Transfer incomes, risk and security: the roles of the family and the collectivity in recent theories of fertility change," in Coleman, David, and Roger Schofield, eds., *The state of population theory* (Oxford: Basil Blackwell, 1988).

Smith, James E., and Jim Oeppen, "Estimating numbers of kin in historical England using demographic microsimulation," in Reher, David S. and Roger Schofield, eds., *Old and new methods in historical demography* (Oxford: Basil Blackwell, 1993).

Snell, K. D. M., "Agricultural seasonal unemployment, the standard of living, and women's work in the south and the east, 1690-1860," *Economic history review*, 2nd ser., 34 (1981).

____________, *Annals of the labouring poor: social change and agrarian England 1660-1900* (Cambridge: Cambridge University Press, 1985(1992)).

Song, Byung Khun, "Agrarian policies on pauper settlement and migration, Oxfordshire 1750-1834," *Continuity and change*, 13 (1998).

Stone, Lawrence, *The family, sex and marriage in England 1500-1800* (New York: Harper & Row, 1977).

_____________, *Road to divorce: England 1530-1987* (Oxford : Oxford University Press 1990).

Tadmor, Naomi, "The concept of the household-family in eighteenth-century England," *Past and present*, 151 (1996).

Talbot, Griffith, G., *Population problems of the age of Malthus* (Cambridge: Cambridge University Press, 1926).

Taylor, A. J., "The taking of the census," *British medical journal*, 7 (1951).

Thirsk, Joan, *The rural economy of England: collected essays* (London: The Hambledon Press, 1984).

__________, *England's agricultural regions and agrarian history,*

*1500–1750* (London: Macmillan, 1987).

__________, "Agricultural policy: public debate and legislation, 1640-1750," in Thirsk, Joan, ed., *Chapters from the agrarian history of England and Wales, 1500–1750*, vol. 3, *agricultural change: policy and practice* (Cambridge: Cambridge University Press, 1990).

__________, "Changing attitude to enclosure in the seventeenth century," in 吳主煥外(共著), 『革命, 思想, 社會變動』 (大邱: 慶北大學校 出版部, 1991).

Thomas, Brinley, "Escaping from constraints: the industrial revolution in a Malthusian context," in Rotberg, Robert I. and Theodore K. Rabb, eds., *Population and economy from the traditional to the modern world* (Cambridge : Cambridge University Press, 1986).

Thompson, David, "The welfare of the elderly in the past: a family or community responsibility," in Pelling, Margaret, and Richard M. Smith, eds., *Life, death, and the elderly: historical perspective* (London: Routledge, 1991).

Thompson, F. M. L., "The second agricultural revolution, 1815-1880," *Economic history review*, 2nd ser., 21 (1968-9).

Thomson, David, "Welfare and the historians," in Bonfield, Lloyd, Richard Smith, and Keith Wrightson, eds., *The world we have gained: histories of population and social structure* (Oxford: Blackwell, 1986).

Timmer, Peter C., "The turnip, the new husbandry, and the English agricultural revolution," *Quarterly journal of economics*, 85 (1969).

Toutain, J. C., *Le product de l'agriculture française de 1700 á 1958* (Paris: Cahier de l'ISEA, 1961).

Toynbee, Arnold, *Lectures on the industrial revolution in England* (London: Longmans Green and Co., 6th impression. 1923(1884)), 吳德永(譯), 『産業革命史』 (서울: 文研社)

Truner, M., "Agricultural productivity in England in the eighteenth century: evidence from crop yields," *Economic history review*, 2nd Ser., 35 (1982).

Vann, Richard T., "History and demography," *History and theory*, 9 (1969).

______________, "The new demographic history," in Iggers, George G. and Harnold Parker, eds., *International handbook of historical studies* (London: Methuen, 1980).

Wachter, Kenneth W., Eugene A. Hammel and Peter Laslett, eds., *Statistical studies of historical social structure* (New York: Academic Press, 1978).

Wachter, Kenneth W. and Eugene A. Hammel, "The genesis of experimental history," in Bonfield, Lloyd, Richard Smith, and Keith Wrightson, eds., *The world we have gained: histories of population and social structure* (Oxford: Blackwell, 1986).

Wall, Richard, "Harnessing leisure to research: English local history," *ESRC newsletter*, 51 (1984).

____________, "Regional and temporal variations in English household structure from 1650," in Hobcrafts, J. and P. Rees, eds., *Regional demographic development* (London: The Croom Helm, 1979).

____________, "The household, demographic and economic change in England, 1650-1970," in Wall, Richard, Jean Robin and Peter Laslett, eds., *Family forms in historic Europe* (Cambridge: Cambridge University Press, 1983)

Wall, Richard, Jean Robin and Peter Laslett, eds., *Family forms in historic Europe* (Cambridge: Cambridge University Press, 1983).

Wallace, Robert, *A dissertation on the numbers of mankind, in antient and modern times: in which the superior populousness of antiquity is maintained: with an appendix, containing additional observations on the same subject, and some remarks on Mr. Hume's political discourse, of the populousness of antient nations* (Edinburgh: Printed for G. Hamilton and J. Balfour, 1753), *idem*, *Various prospects of mankind, nature, and providence* (London : printed for A. Millar, 1761).

Walter, John, and Roger Schofield, "Famine, disease and crisis mortality in early modern society," in Walter, John and Roger Schofield, eds., *Famine, disease and crisis mortality in early modern society* (Cambridge: Cambridge University Press, 1989).

Walter, John and Roger Schofield, eds., *Famine, disease and crisis mortality in early modern society* (Cambridge: Cambridge University Press, 1989).

Willan, T. S., *The English coasting trade 1600–1750* (Manchester: Manchester University Press, new impression, 1967(1938)).

William, Fleetwood, *The relative duties of parents and children, husbands and wives, masters and servants, consider'd in sixteen sermons:*

*with three more upon the case of self-murther. By W. Fleetwood* (London: printed for Charles Harper, 1705).

Williams, M., "The enclosure and reclamation of wasteland in England and Wales in the eighteenth and nineteenth centuries," *Transactions of the institute of British geographer*, 51 (1970).

Williamson, Tom, *The transformation of rural England: farming and the landscape, 1700-1870* (Exeter: University of Exeter Press, 2002).

Wilson, Christoper, "Natural fertility in pre-industrial England, 1600-1799," *Population studies*, 38 (1984).

Wrightson, Keith, *English society 1580-1680* (London: Unwin Hyman Ltd., 6th impression, 1990(1982)).

Wrigley, E. A., "Family limitation in pre-industrial England," *Economic history review*, 2nd ser., 19 (1966).

__________, "A simple model of London's importance in changing English society and economy, 1650-1750," *Past and present*, 7 (1967).

__________, *Popuation and history* (London: World University Library, 1969).

__________, ed., *Identifying people in the past* (London: Edward Arnold, 1973).

__________, "Marriage, fertility and population growth in eighteenth-century England," in Outwaite, R. B., ed., *Marriage and society: studies in the social history of marriage* (London : Europa 1981).

__________ , "The growth of population in eighteenth-century England: a conundrum resolved," *Past and present*, 98 (1983).

__________, "Urban growth and agricultural change," in Rotberg, Robert I. and Theodore K. Rabb, eds., *Population and history from the traditional to the modern world* (Cambridge: Cambridge University Press, 1986).

__________, *Continuity, chance and change: the character of the industrial revolution* (Cambridge: Cambridge University Press, 1990(1989)).

__________, "Historic demography and economy," *Annales de démographie historique* (1993).

__________, "Society and the economy in the eighteenth century," in Stone Lawrence, ed., *An imperial state at war: Britain from 1689-1815* (London: Routledge, 1993).

Wrigley, E. A., Davis, R. S., Oeppen J. E., and Schofield, R. S., *English population history from family reconstitution* (Cambridge:

Cambridge University Press, 1997).

Wrigley, E. A., and R. S. Schofield, "Nominal record linkage by computer and the logic of family reconstitution," in Wrigley, E. A., ed., *Identifying people in the past* (London: Edward Arnold, 1973).

________, *The population history of England 1541–1871: a reconstruction* (London : Edward Arnold, 1989(1981)).

________, "English population history from family reconstitution: summary result, 1600-1799," *Population studie*s, 37 (1983).

Young, Arthur, *A six months tour through the north of England: containing, an account of the present state of agriculture, manufactures and population, in several counties of this kingdom* (London: Printed for W. Strahan, 1770).

______, Young, Arthur, *The farmer's guide in hiring and stocking farms: containing an examination of many subjects of great importance both to the common husbandman, in hiring a farm and to a gentleman on taking the whole or part of his estate into his own hands* (London: Printed for W. Strahan, 1770).

金福禮, "1980년대 가족사 연구동향에 대한 소고,"『漢城史學』第八輯 (1996).

金峯基, "英國革命基의 런던市," 慶北大學校 大學院 文學碩士學位論文 (1985).

김성룡, "영국 역사인구학의 성과와 과제,"『大丘史學』第44輯 (1992).

______, 김성룡, "근세 영국의 서번트(servants)와 그 역사상 - 농업 지역을 중심으로 -,"『大丘史學』第48輯 (1994).

______, "원산업화론의 유형과 문제,"『慶北史學』第19輯 (1996).

______, "18세기 영국의 인구 증감 논쟁,"「『慶北史學』第20輯 (1997).

______, "원산업화의 성공과 좌절 - 영국 모직물 공업을 중심으로 -,"『大丘史學』第56輯 (1998)

______, "산업 혁명 시기 영국의 도시 인구 증가,"『慶北史學』第22輯 (1999).

______, "18세기 영국의 농업 경영 변화와 그 성격,"『安東史學』第4輯 (1999).

______, "18세기 영국의 인구 증가와 저압 체제의 변화 - 남부 농업 지역을 중심으로-,"『慶尙史學』第十五 · 十六合輯 (2000).

______, "18세기 영국의 가족 개념,"『慶北史學』第25輯 (2002)

______, "산업 혁명 시기 영국의 농업 경제 변화와 복음주의의 부흥,"『大丘史學』第87輯 (2007)

______, “17세기 미국 버지니아의 연한부 계약 서번트,” 『歷史敎育論集』 第46輯 (2011).

김현일, “산업혁명과 원산업 구조의 변화,” 『서양사론』 제43호 (1994).

김호연, “농업혁명론의 쟁점들 - 생산성 향상을 중심으로 -,” 『울산대학교 인문논총』 제12집 (1997).

김흥주, “가족사 연구의 동향과 이론적 쟁점,” 한국사회사연구회(편), 『가족과 법제의 사회사』 (서울: 문학과 지성사, 1995).

송병건, 『영국 근대화의 재구성: 산업혁명, 사회변동과 직업분화의 경제사 1700-1900』 (서울: 도서출판 해남, 2008).

宋錫權, “英國 救貧制度의 發展過程 硏究: 新 · 舊 救貧法의 통합적 이해를 중심으로,” 忠南大學校 大學院 文學博士學位論文 (1997).

吳主煥, “서평: *The family, sex and marriage in England 1500-1800*,” 『慶北史學』 第二輯 (1980).

吳主煥, “地方史 硏究: 그 理論과 實際 -英國을 中心으로-,” 『大丘史學』 第30輯 (1986).

吳主煥, 『英國近代社會硏究』 (대구: 경북대학교 출판부, 1992), p. 358

吳主煥外(共著), 『革命, 思想, 社會變動』 (大邱: 慶北大學校 出版部, 1991).

尹啓賢, “英國의 1834年 貧民法改正에 대한 考察,” 『淑大史論』 第十一 · 十二 合輯 (1982).

조성윤(역), “사회학과 사회사의 문학적 자료,” 조성윤(편역), 『現代 社會史理論과 歷史認識』 (서울: 청아출판사, 1982).

조은, “역사적 형태로서의 가족과 계급－서구 가족사 연구 쟁점의 재조명,” 한국사회사연구회(편), 『한국 사회의 여성과 가족』 (서울: 문학과 지성사, 1990).

____, “한말 서울의 가족 구조－‘전산업 사회 핵가족설’에 대한 재검토,” 한국사회사연구회(편), 『한국 근현대 가족의 재조명』 (서울: 문학과 지성사, 1993).

李泰淑, “아일랜드와 영국의 중상주의, 1600-1700,” 慶熙史學 第十八輯 (1993).

李憲均, “2차 영네 전쟁(1665-1667)의 원인과 영향,” 『歷史敎育論輯』 第十九輯 (1994).

李興卓, “歷史人口學, 方法論의 現況 -케임브리지 그룹을 중심으로-,” 『韓國人口學會誌』 第2券 第2號 (1989)

월, 리처드(Wall, Richard) · 송병건, “영국 역사인구학의 성과와 한계 돌아보기,” 『大同文化硏究』 第46輯 (2004).

# 찾아보기

### (ㅂ)



### (ㅅ)



### (ㅇ)



### (ㅈ)

김성룡

경북대학교 인문대학 사학과(문학사)
경북대학교 대학원 사학과(문학 석사)
University of Winchester(영국) Ph.D research student
경북대학교 대학원 사학과(문학 박사)
현) 영남신학대학교 부교수

# 18세기 잉글랜드의 인구 변동과 농업 사회의 동요

초판인쇄 | 2011년 10월 28일
초판발행 | 2011년 10월 28일

지 은 이 | 김성룡
펴 낸 이 | 채종준
펴 낸 곳 | 한국학술정보㈜
주 소 | 경기도 파주시 문발동 파주출판문화정보산업단지 513-5
전 화 | 031) 908-3181(대표)
팩 스 | 031) 908-3189
홈페이지 | http://ebook.kstudy.com
E-mail | 출판사업부 publish@kstudy.com
등 록 | 제일산-115호(2000. 6. 19)

ISBN 978-89-268-2745-1 93920 (Paper Book)
978-89-268-2746-8 98920 (e-Book)

내일을여는지식 은 시대와 시대의 지식을 이어 갑니다.